モンテッソーリ教育と子どもの幸せ

Montessori Education & the Happiness of Children

江島　正子　著

Prof. Dr. Masako Ejima

サンパウロ

推薦の言葉

この度、モンテッソーリ教育についての分かりやすく、興味深い図書が江島正子氏の手によって出版されることになり、とてもうれしく思います。

著者は具体的で、正確な、理論と方法の理解に基づくモンテッソーリ教育が、わが国において着実に発展し普及することを願って、著作活動や講演などを通じて長年にわたり地道に活動されています。

モンテッソーリ教育は、マリア・モンテッソーリによってイタリアのローマ市内のスラム街に一九〇七年に開設された「子どもの家」の実践から誕生しました。モンテッソーリは貧民街の幼児たちの持つ知的好奇心と集中する注意力に着目しました。

一人ひとりの子どもが身の回りの事物への強い好奇心を持っており、環境を整えてさえやれば、すべての子どもがその興味を、自分自身で一心に集中して追求することに気づいたのです。

それは、子どもが自分で自己という個性的な人間を建設する能力を自然から与えられているからだ、とモンテッソーリは考えました。大人が先回りしてやる保育ではなく、内部からのエネルギーによって、自ら発達する幼児を背後から見守りながら、優しく援助する、モンテッソーリ教育が生まれたのは、この「子どもの発見」によってでした。

大人の干渉ではなく、「私が一人でするように手伝って！」と子どもが必死に訴えている声に真摯に耳を傾けるのがモンテッソーリ教育の理論です。

ここでは日本におけるモンテッソーリ教育の導入の歴史に触れながら、国内の多くのモンテッソーリ園を訪問して〇～六歳児の教育の実情について具体的な紹介を行い、わが国のモンテッソーリ教育の現状を報告しております。

さらに、発達障がい児のインクルーシブ教育や、高齢者の介護に応用されたモンテッソーリケアや、モンテッソーリの宗教教育をも視野におさめながら、示唆に富む観点や興味深い提言が提示されています。

本書は、モンテッソーリ教育を理解するのに大いに役立つことでしょう。

日本モンテッソーリ協会（学会）会長　理事長

前之園 幸一郎

はじめに

モンテッソーリ教育に関わるようになって半世紀が経過しました。最初の頃は、欧米で話題になっている新しい教育法だと思っていました。令和の今日では、わが国の教育界に大きな影響を与え、幼い子どものいる保護者でモンテッソーリ教育を知らない人はいないでしょう。

三歳児から五歳児ばかりではなく、〇歳児から三歳児のための保育教育施設、小学校、中・高一貫校、インクルーシブ教育、ローマ・カトリック教会の宗教教育、そして高齢者のデイケアセンターで「モンテッソーリ教育」の現場の実践が当たり前のような時代になっています。グローバル時代、日本でも例外ではありません。

日本においてモンテッソーリ教育は、なぜか方法論的に導入される傾向が見られます。というのも、進学塾で看板に「モンテッソーリ教育をやっています」とか、夏休みの合宿に「モンテッソーリ教育をやります」という宣伝の文言を目にするからです。確かに、わが国の将棋の最年少棋士としてマスコミに華やかにデビューした藤井聡太君、イギリス王室のウイリアム王子とジョージ王子、アメリカの前大統領オバマ氏、元国務長官ヒラリー・クリントン氏、マイクロソフトの創業者ビル・ゲイツ氏、グーグルのラリー・ペイシ氏、フェイスブックのマーク・ザッカーバーグ氏、アマゾンのジェフ・ベゾス氏らは、幼児期にモンテッソーリ教育を受けたことは広く知られています。

しかしマリア・モンテッソーリは、何を求めて、新しい教育法を構築したのでしょうか？モンテッソーリ教育の真の目的は何でしょうか？

保育現場で、モンテッソーリの子どもは分けたり、比べたり、合わせたり、と手や指先を動かして、考え、選び、活動しています。

子どもは、何回も、繰り返し、集中し、没頭しています。

「やりたい！」ことをやっているので、子どもは幸せです。幸福感で満たされるのです。

そうです、モンテッソーリ教育の最終的な目的は人間が幸せになることです。

モンテッソーリの子どもは成長と共に変化する。やりたいことが変わっても、集中し、幸せで、幸福になれます。それを繰り返しているから（三つ子の魂百まで）。

このようにモンテッソーリ教育には人生をずっと幸せにするヒントが満載されています。小さい子どもは、幼くても自分で考えて、選んで、話し、行動する生きる力を持ち、幸福になる秘密を知っています。

本書からそのヒントを読み取っていただければ幸いです。

二〇二〇年　初夏

群馬医療福祉大学　前橋キャンパスの研究室で

江島 正子

目次

目　次

5 宗教教育……211

1　日本におけるモンテッソーリ教育の導入

日本のモンテッソーリ教育の歴史と変遷

明治末期の導入

明治四十五（一九一二）年一月十一日（木曜日）の日刊紙「萬朝報」の第一面に「モンテスソリ教育」を紹介する記事が初めて載った。これはモンテッソーリがローマに「子どもの家」を設立して、五年後のことである。

「日本の教育界は、十数年来何ら改善が見られないこと、加えてわが国の教育における前途はすこぶる憂うべき様相を呈するので、幼稚園と小学校がともに歩調を合わせ、モンテッソーリ教育法にその問題解決と改善への望みを託す」。

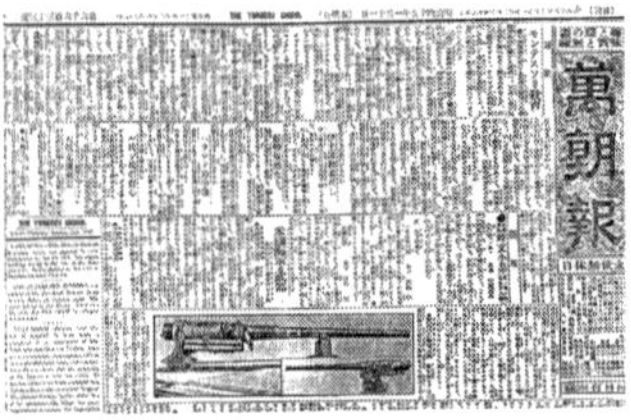
萬朝報

モンテッソーリ教育について最初の紹介

このように、幼児教育だけでなく、小学校の問題と一緒に取り上げられていることは、特筆に値する。

さて、明治四十五年五月に、京阪神連合保育会で倉橋惣三がモンテッソーリ教育について講演をした。わが国の幼児教育界でモンテッソーリ教育が注目されるようになったのは、このことに始まると言われている。この講演後、もっと知りたいという意見が出て、わが国の幼稚園や保育園に広まったのである。

大正期の受容

大正二（一九一三）年二月に、八回神戸市保育会講習会で横川八十八がモンテッソーリ教育の講習会を開催し、また十一月十五日に「伊国モンテスソリ教育視察談」と、偶然、イギリス留学中の見聞したこと

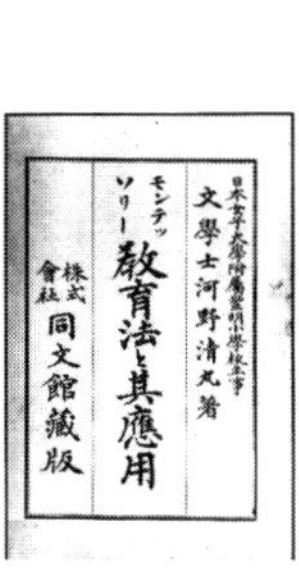

モンテッソーリ教育の単行本

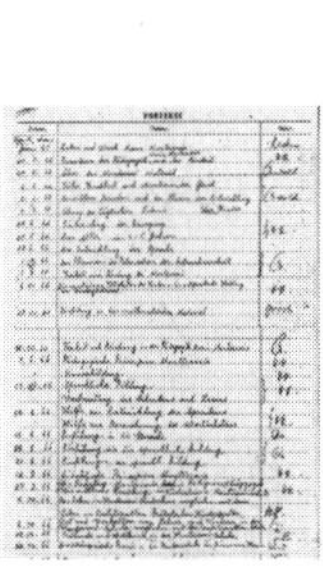
シスター石本の学習記録ノートの中身

を帰国後、今西嘉蔵が京阪神連合保育会神戸部会で講演した。

河野清丸は自己開発能力を含むモンテッソーリ教育を高く評価し、日本女子大学付属豊明小学校でモンテッソーリ教育を実践した。首都以外でも、長野師範付属小学校でモンテッソーリ教育法を取り入れた記録がある。

アメリカ人宣教師で玉成保母養成所創設者のソフィア・アラベラ・アルウィンは、大正三年二月二十三日～六月三十日まで、英語による第二回目コースでディプロマを取得した。彼女はフレーベルの方法をより深く研究するためにモンテッソーリ教育を利用した。

大正二年、東京のフレーベル館がモンテッソーリ教具の販売を始めた。大阪の天真堂もモンテッソーリ教具を製作、販売した。ちなみに教具一式三十円で、海外から輸入すると二百円だったという。

大正デモクラシーの自由な社会的風潮の中で積極的に言及対象になっていたモンテッソーリ教育ではあるが、満州事変や第二次世界大戦の軍国主義へ進むと、子どもの人格、個性、

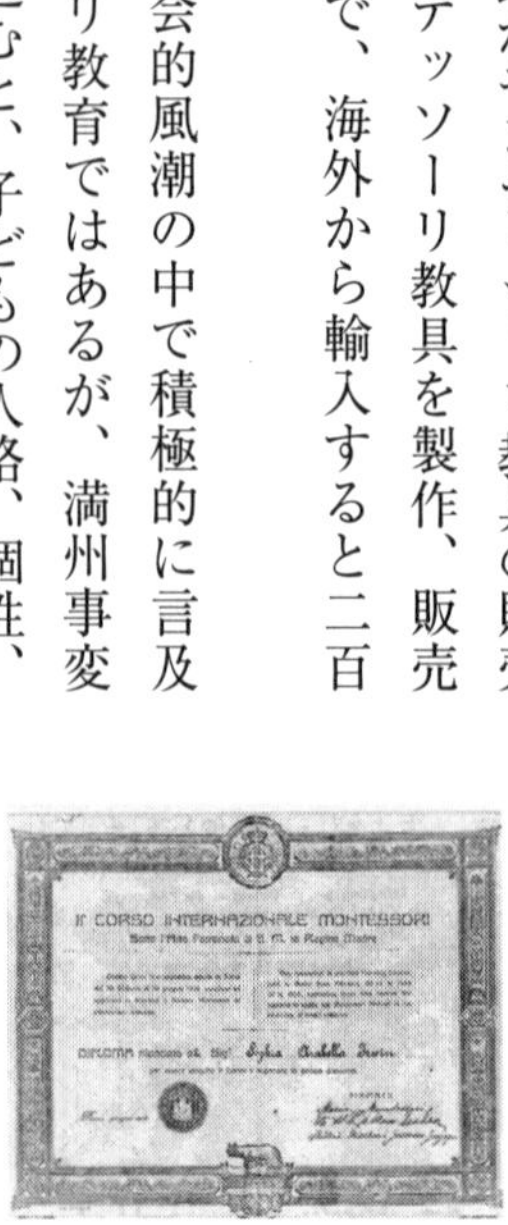

ソフィア・アラベラ・アルウィンの
モンテッソーリ・ディプロマ

自由を尊ぶモンテッソーリ教育は次第に挫折、消滅した。

昭和期のリバイバル

第二次世界大戦後、モンテッソーリ運動のリバイバルが起こった。その特徴はカトリック教会と女性パワーに関係があるようだ。昭和三十二（一九五七）年、ドイツ・ケルンのフィリングス枢機卿が東京の土井枢機卿を訪問した。東京とケルンの友好関係は、モンテッソーリ運動のリバイバルへと結びつく。昭和三十三年、ケルンへ聖心愛子会のシスターが出発し、ドイツの子どもたちのために幼稚園を開いた。

その頃ケルンでは、モンテッソーリ教育の知識なしには、幼児教育に携れなかった。シスター・オイゲニア石本知子《ともこ》は昭和三十四年夏からモンテッソーリ・コースを受講した。彼女は日

1909年夏、最初の教員養成コースが開講された別荘ラモンテスカ

若き日の
マリア・モンテッソーリ

本人で最初にモンテッソーリの実践を学んだ人である。

同じ愛子会のシスター・イグナシアは、昭和三十四年に渡欧した際、モンテッソーリ教育の教具を持ち帰り、カトリック教育協議会の保育研究会などで、モンテッソーリ教育法やその教具を紹介した。なお、当時のカトリック中央協議会の理事長は、日本モンテッソーリ協会会長のクラウス・ルーメル神父であった。

また上智大学のペトロ・ハイドリッヒ神父からヨーロッパへ派遣されていた赤羽惠子も、同じケルンでモンテッソーリ教育を知り、コースで学び、昭和三十八年末に帰国した。彼女は日本人で最初のディプロマ取得者である。

昭和四十二年、佐久間彪《あきら》神父や塚本伊和男神父が「カトリック新聞」にモンテッソーリ教育について寄稿した。さらに、上智大学文学部教育学科の教授たちは定期的に「モンテッソーリ教育研究会」を開き、その事務局を上智大学文学部教育学研究室に置き、モンテッソーリ教育の教育学的評価など理論研究を重ねていた。

シスター・イグナシアとルーメル神父
（2007 年　新潟病院修道院で再会）

日本モンテッソーリ協会の設立

この研究会が発展し、昭和四十三年、ハイドリッヒ神父、ルーメル神父、赤羽惠子、神藤克彦、平野智美《ともみ》、鼓常良、尾形利雄、菊野正隆、伊藤保郎、坂本堯神父、鷹觜達衛《たかのはしたつえい》神父、松本尚子《ひさこ》が日本モンテッソーリ協会設立の礎石となる。

さらに教員養成が求められ、最初のモンテッソーリ教員養成コースが昭和四十五年、国際モンテッソーリ協会マリオ・モンテッソーリと上智大学理事長ヨゼフ・ピタウ神父の同意のもとに、実践科目は赤羽惠子、松本尚子、松本静子（三名とも国際ディプロマ所有者）が担当し、理論科目はルーメル神父、神藤、菊野、平野、霜山徳爾《とくじ》、山下栄一、尾形、坂本神父というように講師全員が、上智大学教授でスタートした。なお、同コースは平成十九（二〇〇七）年三月末に閉じられ、新たにNPO東京モンテッソーリ教育研究所付属教員養成コースが、プロテスタント富坂キリスト教センター2号館内で再出発した。

現在、モンテッソーリ教員養成コースは、日本では国際モンテッソーリ協会（AMI）公認の東京国際モンテッソーリ教師トレーニングセンターコース（松本静子）が全日制と夜間コースを開講している。日本モンテッソーリ協会（ＪＡＭ）公認コースでは、東京モンテッソーリ教育研究所付属教員養成コース（ルーメル神父）、九州幼児教育センター・トレーニングコース（藤原江理子）、学園法人小百合学園　広島モンテッソーリ教師養成コース（下條善子）、京都モンテッソーリ教師養成コース（赤羽恵子）、長崎純心大学モンテッソーリ教員養成コース（シスター・片岡瑠美子）がある。国際モンテッソーリ協会（ＡＭＩ）コースでは、不定期的に〇～三歳コース、〇～六歳コース（ジュディ・オライオン）、小学校コースも開催する。現在、日本にはＡＭＩトレーナーが松本静子（三～六歳）以外、三浦勢津子（三～六歳）や大原青子（〇～三歳）が活躍している。（敬称略）

日本モンテッソーリ協会も上智大学を離れ、平成十九年五月、東京都足立区の「うめだ子供の家」３Ｆに二年ほどいた後、富坂キリスト教センター２号館に事務局が転居した。

ローマの「子どもの家」開設一〇〇周年に際し、日本におけるモンテッソーリ教育の最新の特徴は、モンテッソーリ教育のよりグローバル化とエキュメニカル化を挙げることができるだろう。

2　〇〜六歳児の教育

令和からモンテッソーリ教育を考える

「令和」が意味すること――聖イグナチオ教会でミサのお説教から

二〇一九年五月一日、「令和」の新元号がスタートしました。

令和の元号は「万葉集」に由来します。春の訪れを告げ、見事に咲きほこる梅の花のごとく、明日への希望をもって、花を咲かせていけるように！との熱い願いが込められているのです。

東京都のＪＲ四ツ谷駅近くの聖イグナチオ教会の日曜日のお説教で、李聖一神父様は令和の「令」という字は、屋根の下で人がひざまずいて、天の声を聞くという形から来ていると話されました。そこで、私がすぐにイメージしたのは「受胎告知」（写真1）の

写真1

場面でした。

そこでは、神様から天の声に人間が聞き従う、幸せで、平和と希望にあふれた、心を寄せ合う時間の共有です。

そうです、「令和」の新しい元号の時代は、希望と平和、未来への、幸福の年明けを意味しているのです。

令和の新宿中央公園

令和元年元旦、新宿駅西口の住友ビル五十一Fでおいしいステーキを食べた後、新宿中央公園へ足を向けました。日本は人口減少国ですが、ここは例外で、幼児や若い親たちであふれていたので、驚きました。

子どもたちは、単純でシンプルな公園内の遊具に夢中になって、手足や身体全体を自由自在に使って遊んでいました（写真2、3）。

写真2

写真3

令和元年五月・十月、幼保無償化

令和元年五月十日、この小さい子どもたちに関連した法律、幼児教育・保育を無償化するための改正、子ども・子育て支援法が可決・成立しました。そして令和元年十月一日から八千億円の消費増税を財源にして実施されます。

この法律によって、三～五歳児は幼稚園や認可保育所、認定こども園の保育料が無料に、〇～二歳児住民税非課税世帯の保育料が無料、認可外施設の認定条件に、一定額が補助されます。

国会での質疑やマスコミによる記事からは、まだまだ解消されない問題点はあるようですが、例えば、およそ四万七千人いるとも言われている待機児童解決は困難とか、保育士不足や保育士は何人の子どもをお世話するのかという「配置基準」、子どもの安全と保育の質の保証や、子どもの成長に見合った能力の発達はどうやって保証されるのか?……などｂ。でもこれが新しい時代へのさらなる問題解決への第一歩になることを願います。

「子どもの権利条約」

実は、令和元年は「子どもの権利条約」が国連で採択されて（一九八九年十一月二十日）から三十年目に当たります。

この条約成立までには長い経緯が必要でした。まず、第一次世界大戦後、たったの五項目の「児童の権利に関するジュネーブ宣言」（一九二四年）がスタート。その後、第二次世界大戦後に国連ができ、すべての人は平等で、それぞれが同じ権利を持つという「世界人権宣言」（一九四八年）が発布されました。日本でも「子どもの日」（一九五一年五月五日）に憲法による「児童憲章」ができました。

さらに国連は、子どもは子どもとしての権利を持つという「児童権利宣言」（一九五九年）や、世界中の子どもの幸せを願った「国際児童年」（一九七九年）の決定です。こうして「子どもの権利条約」がやっと、日の目を見たのです。

ちなみに、「子どもの権利条約」は、日本では一九九四年四月に一五八番目に批准、五月二十二日に正式に発効し、この令和元年で二十五年目です。

「子どもの権利条約」は、すべての子どもの人権を保障する、法的拘束力を持った初めての国際条約で、世界の一九六の国と地域が締結していますが、アメリカは署名だけで、まだ批准していません（二〇一九年三月現在）。

さて、子どもの基本的人権は、国際的に、そして日本でも、保障されているはずなのに、本当にそうでしょうか。子どもが大人と同じく一人の人間として認められていますか？子どもの成長や発達、生存、生命の権利は認められていますか？　否！　二十五年たっても子どもの貧困や虐待は減らず、今も大きな問題です。

令和の課題とモンテッソーリアンの努力

二十世紀初頭、新しい子ども観による教育法が登場しました。マリア・モンテッソーリ（一八七〇～一九五二年）は、直観的感覚、自然科学的な視点、キリスト教的人間観を基礎にして、一人ひとりの子どもの生命に自由と平和をもたらす教育を構築しました。

マリアの母方の叔父、アントニオ・ストッパーニがカトリック教会の司祭で、またミラノ大学の地質学教授だったことから、彼の影響を受けたモンテッソーリの教育には平和で調和のとれた宇宙論、コスミック観が根底にあって、アメリカ、ヨーロッパ、アジアの世界各地に広く普及しています。

令和時代の現在、自然科学、テクノロジー、ＡＩの進歩は激しく、それは一部の人は豊かさを、そして多くの人は困難な時を迎えることになるのか?と私たちは心配します。モンテッソーリ教育は強い味方です。未来の世界を生き抜いていく力、それはモンテッソーリ教育によって育まれる非認知能力が大きな助けになるでしょう。結局、ＡＩなどが私たちに何をするかが問題でなく、世界を変えられるほどの強力なツールや道具を使って、私たちが何をするかが大切なことになるのです。

モンテッソーリ教育を学んだモンテッソーリアンが今年も卒業しました（写真６）。

写真6

日独の子ども観察から

羽田空港出発ターミナルの三人兄弟

二〇一九年八月、お盆の大連休に私の第二の故郷ケルンへ飛びました。羽田空港の国際線は多くの旅行者で混雑し、特に小さい子ども連れの家族があちこちに見受けられました。

幼児の声はかん高く、大きく響き、とかく周囲の注目を集めます。搭乗口近くのソファで搭乗時刻を待っていると、二歳くらいの坊やが通路のど真ん中で、大の字になって泣きわめき、お母さんはほとほと困り果てていました。そばで四歳くらいのお兄ちゃんがカートを押し、とても得意げな顔でグルグル回っていました。兄弟げんかかな?

お母さんは坊やを抱き上げて、お兄ちゃんと一緒にカートを押させようとしました。しかし、坊やはカートを押して歩くには身長が足りません。カートの取っ手を握ると、足がつま先立ちで歩けません。お兄ちゃんはカートを押して歩ける背の高さです。

お母さんは坊やをカートの荷台に座らせて喜ばせようとしますが、坊やにはそんな気は全然なく、身体はタコの足のようにグニャグニャ！　うまくいきません。坊やはお兄ちゃんと同じように、カートを自分で押して歩きたいのです。

坊やは泣いて、泣いて、言葉がまだ十分でない分、手足をバタバタさせて鉄の意志を見せています。

そこへお父さんと小学校三、四年生くらいの大きいお兄ちゃんが現れました。二人は今までどこかへ行っていて、戻って来たのです。大きいお兄ちゃんは弟たちを見て、まず大きい方の弟へ近づきました。二言、三言、言葉を交わすと、なんと大きい弟がカートから離れました。

次に、大きいお兄ちゃんは大声で泣き叫ぶ坊やに話しかけました。そうしたら、坊やは自分から立ち上がり、カートに近づき、取っ手に触れました。そうして大きいお兄ちゃんは、坊やの背中の肩甲骨《けんこうこつ》あたりを押しました。坊やはまるで宙を浮くように、つま先で、そして前へ進みました。右も、左も、つま先で！

大きいお兄ちゃんは坊やの背中を押し続け、背中を押してもらっている坊やは前へ動き、それを見ていたもう一人の大きい弟は、その横に並んで歩きました。その後ろをお母さんとお父さんは、まるで何事もなかったかのように歩き、五人家族は人混みの中に消えていきました。

モンテッソーリの異年齢クラス

この三人兄弟の観察から、モンテッソーリ園の「異年齢クラス」編成について考えました。小さい子は、周りで大きい子がやっていることを見て、それをお手本にします。自然にやりたくなるのです。大きい子は、小さい子が一人でできるようにお手伝いして、援助します。

私たちの社会は、いろいろな人から構成され、出来上がっています。文化も、社会的背景も、人種も、年齢も、性格も、趣味も異なり、個性があります。人はみんなそれぞれ違う。

つい数十年前まで日本でも家族は大家族で、おじいちゃんやおばあちゃんたちと一緒に住んでいました。あるいは曾《そう》おじいちゃんや曾おばあちゃん、叔母さんとも一緒に。

モンテッソーリは人間の世界を花園にたとえます。花園には花がいっぱいで、いろいろな花があってきれいです。駅ナカの花屋さんでも赤いバラ、青いバラ、黄色いバラ、薄赤《うす》色のほおずき、いろいろな色のチューリップ、黄色い向日葵《ひまわり》、名前を知らないたくさんのきれいなお花などを売っています。

ちなみに、今オランダにはモンテッソーリの名前がついた「モンテッソーリ・チューリップ」があるのをご存じですか。チューリップの季節にオランダへ行かれたら、ぜひ見てきてください。

さて、わが国においては、今はもう一般の家庭では核家族で、親と子どもだけが当たり前です。おじいちゃんやおばあちゃんがいても、せいぜい近くに住んでいるだけです。しかもおじいちゃんやおばあちゃんが近くにいると分かったら、幼児は保育園に入れなくなるからと、近くにいることを内緒にするそうです。このような社会的状況からも、縦割りの「異年齢クラス」は、人間形成において重要です。

ケルン大聖堂の追悼ミサ——メルツァ補佐司教

ケルン教区のマンフレッド・メルツァ補佐司教が帰天されました。私の親友クリスタのお兄さんです。葬儀のため航空券を購入しようとしましたが、私のパスポートの有効期限が残り二週間で、航空券購入のためには最低二カ月必要だということで、昨年のご葬儀は欠席しました。

それで今夏の八月十一日（日）、ケルン大聖堂で十時からの追悼ミサに出席しました。

六歳男児と三歳女児の兄妹

追悼ミサでは、故メルツァ補佐司教の親族席に案内され、私は左側の最前列に座ることになりました。隣の席には、六歳くらいの男児と三歳くらいの女児が座っていました。荘厳ミサで聖歌を歌いました。正面の柱に聖歌の番号が示されると、その男の子は自分の聖歌集と妹の聖歌集の両方のページを開き、歌っている所を人差し指でなぞっていました。

もちろん、まだ十分に文字の読めない妹のためですが、しかしながら、私にとってすごく役立ちました。なぜなら、ケルン大学留学がもう四十年以上前で、ドイツ語も鈍っていたからです。お兄ちゃんの手の動きは羅針盤みたいに、正確で、私を導いてくれました。妹思いのお兄ちゃんは、私が横目でいつも見ていたことを意識してなかったかもしれませんが、大いに助けられたのです。

ここで、私はモンテッソーリがコスミック理論でよく事例にする「サンゴ」を思い出しました。サンゴは一秒に三十リットルの海水を飲み込み、反対に酸素を吐き出すそうで、サンゴは海水に酸素を供給します。だからサンゴの生息している海は、海水がきれいで、魚が数多くいるのです。サンゴは、海のお掃除屋さん。一方、サンゴは石灰質になって沖縄のように島、陸地になります。サンゴは、地球環境の安全と保全、地球とコスミックの調和と均衡を保つのに貢献しています。サンゴのように、この六歳の男の子の存在は、コスミックへの人類の貢献が伺えてきます。

ケルン大聖堂での追悼荘厳ミサ
(2019年8月11日の午前10時から)

マンフレッド・メルツァ補佐司教のお墓

モンテッソーリ教育法の間接目的

幼児と非認知能力

四ツ谷駅の外濠《そとぼり》公園では、近くの保育園の子どもたちが遊んでいました。保育園では、先生たちが制服のように、同じ上着や同じエプロンを着ています。

二歳半～三歳の子どもたちは、山のようなでこぼこの所を登ったり降りたりし、おすべり台用の階段を登って、サーッとすべって降りたりしています。

四、五歳児は「こおりおに（氷鬼）ごっこ」です。

「鬼になりたい人？」とちょっと体の大きい子が言うと、二人が手を上げました。「じゃ、じゃんけんで！」をして、勝った子が鬼です。

子どもたちは公園の中を力いっぱい走りまわり、それを鬼が追いかけます。鬼が走って一人の子どもをタッチすると、タッチされた子どもは氷のようになって、もう動けません。ところが、他の走っていた子どもが氷のようになってしまって動けない子どもをタッチすると、その子は再び自由に動けるようになり、走りまわれます。

私が小さい頃によく遊んだ「鬼ごっこ」は、鬼から捕まえられると遊びから外されたのですが、「こおりおに」では、お友達のタッチで復活するのですね。

アリの温泉

草木が生えている所で、子どもたちはきれいな草を取っていました。花びらが落ちていると、「たくさん拾って、先生に大きな首飾りを作ってあげる！」と、ビニールの袋に集めていました。

やわらかい土の上には、小さいアリがたくさん動きひしめいています。小さいシャベルで掘ると、もっともっとたくさんのアリが姿を現し、そこには一個のピーナツも出てきました。「アリに食べ物があって良かったね」と皆が言いました。そこに手を洗いに行っていた子どもが、ビニールに水を入れて戻って来て、それをアリの所にかけました。先生が「どうしたの？」と尋ねると、その子は「アリの温泉を作ってる」と返事しました。アリの温泉から流れ出たアリ一匹を見つけた子は、「みんなから離れてたったひとつ、寂しそうこの人」と言ったら、横の子が、「人ではなくて、アリだよ」と、子ども同士で語彙の自己訂正をして、小さいシャベルの上にアリ一匹を乗せて、アリがいっぱいいる所に戻してあげていました。

ブランコを大きくこいで

ふとブランコの方へ目を向けると、ブランコがぶらぶら揺れて、その下で女の子が倒れていました。女の子の目と私の目と、じっと見つめ合いました。女の子は泣くのかと思いましたが、そのままじっとしていて、その上をブランコが静かに揺れていました。先生も気づき、もう少し大きい子が、ブランコの鎖を手で持って静止させると、倒れていた子は立ち上がり、先生の質問に答えているようでした。

でも、すぐその女の子はまたブランコに乗って立ち、大きくこいで、「誰か横のブランコに乗らない？　私一人だと寂しいから！」と、大きい声で誰かを誘いました。すると、二人が近づき、一人が乗りました。なぜなら、空いたブランコは一つしかなかったから。それでもう一人は、砂場へ戻りました。もしかしたら恐竜の化石が出てくるかもしれないと、砂場の砂をたくさん手で掘って、発掘をしているグループへ。

幼児の社会VS大人の社会

私が住んでいるマンションから外に出ると、子どもたちの遊んでいる声がしたので、外濠公園で遊んでいる幼児を観察しました。人間とは「ひとと ひと」が支え合って「人」なのだとよく言われますが、ここで年中さんと年長さんの二十人ぐらいの子どもたちの遊びのネットワークの中に、赤い糸がはっきりと見て取れました。

それは大人の社会となんら変わりありません。

ちょっと気になる子

東京メトロの半蔵門線長津田の「こどもの国」近くに「横浜・モンテッソーリ幼稚園」があり、そこで「この子は多動児だった」と説明を受けたことを思い出します。しかし、その時は全く、そんなふうには見えませんでした。

年少児の時は多動だったこの子は、モンテッソーリの幼稚園での生活を過ごしていたら、「もう、今ではそうじゃなくなった」そうです。精神科の医師だったモンテッソーリは、医療の分野と教育の分野には、共通部分があることを証明しているのです。

やはりマリア・モンテッソーリと同時代の、同じ精神医学者森田正馬《もりたまさたけ》による教育法も、作業療法とか、学習療法とか、社会生活の練習とかがあって似ています。

しょっちゅう動き回る子、注意力が欠けている子、計画性が必要なことに対して順序を立てて取り組むことができない子、じっくり考えなければならないことだと避けたり、遅らせたりする子のように、ちょっと気になる子、発達障害のグレーゾーンの子の正常化のためにモンテッソーリ教育は有効です。

モンテッソーリ教育というと、すぐ「数教育」に賞賛の声を上げ、「自分もモンテッソーリ教育で勉強していたらどんなに良かったか！」と、その認知力をモンテッソーリ教育法の特徴に挙げる方が多いです。しかし、最新のモンテッソーリアンによるモンテッソーリ教育の研究では、子どもの人として生きていく力を育む基礎になっているのが、「日常生活の練習」だというエビデンスです。

日常生活の練習——間接目的

モンテッソーリ教育の「日常生活の練習」の「間接目的」に共通しているのが、「集中力を培う」「意識的運動を獲得する」「順序立てて行動する」「独立心を養う」「自信を持つ」「環境に適応する」「品位を身につける」「社会的意識を持つ」です。

まだ幼く、小さく、ゆっくりと時間をかけて、何度も何度も繰り返して、お友達とも好きなだけ遊びつくすこと。これこそは幼少期の特権です。

「日常生活の練習」の活動をしながら幼児は、集中力、意識的運動、独立心、順序性、自信、環境への適応、品位、社会性を無意識的に吸収し、自分のものにしています。「間接的目的」には、人間として生きる力を育む宝石がちりばめられています。

これこそは今「生きていく力」で、モンテッソーリ教育法の「非認知能力」です。学校は学力を上げます。しかしそれに加えて、非認知能力を培う場です。これは幼稚園や保育園でも同じです。

（写真：横浜モンテッソーリ幼稚園）

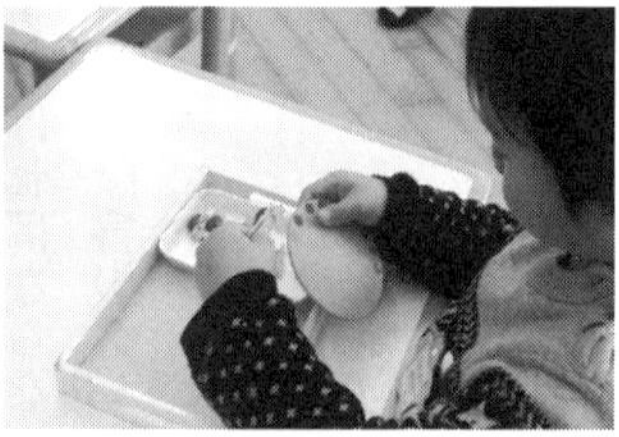
（写真：横浜モンテッソーリ幼稚園）

明治維新一五〇周年とモンテッソーリ教育

二〇一八年は明治維新一五〇周年です。

一五〇年前の一八六八年三月、明治新政府は「五箇条の御誓文《ごせいもん》」を公布し、一八七一年に文部省を設置。一八七二年に学制を発布し、一八八八年には小学校の就学率は四一パーセントになりました。

ところでグローバル化された二十一世紀の世界教育の現状、わが国においても保育・幼児教育から大学入試まで大きな変革が進行中です。

大学受験は二〇二〇年の入試で「センター試験」が廃止になり、新しいテストが導入されます。「アクティブ・ラーニング」という、常に新しい知識を取り入れ、自ら論理的に考え判断し、それを表現して、人々と協力して問題解決していくという力と能力が、英語力とともにテストされます。

三歳～五歳児

保育・幼児教育改革について政府は二〇一七年十二月、幼稚園や保育園、認定こどもの園の三歳から五歳児までの子どもの保育料を無償化すると決めました。

二〇一九年十月、消費税十パーセント引き上げの税収を、この幼稚園、保育園、認定こども園に通う三歳から五歳児の保育・幼児教育の無償化に用途を変更することにし、二〇二〇年四月から全面的に実施します。財源は、本来、国の借金返済のために考えられていたものですから、賢明に、そして全国民に公平・公正に配られるべきです。詳細はこれからいろいろ決定されると思いますが、保育料無償ということで、幼児現場ではホットな論議が展開されています。モンテッソーリ教育とも大きく関連します。

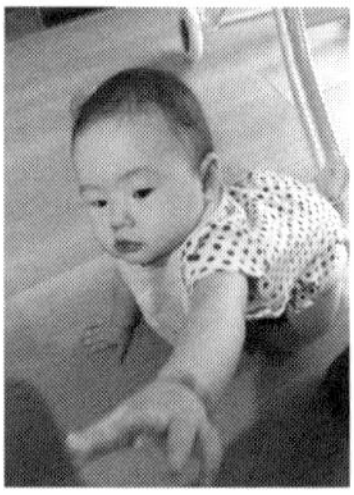

赤ちゃんの人間として表現する傾向性（0歳児）

保育・幼児教育無償化

元来、教育にかけるお金は、義務教育が無償化されているように、できれば無償にすることは一般的に良いことだと言えると思います。そうすれば、親、保護者の収入にかかわらず、みんな同じ教育を受けられるからです。

保育・幼児教育の無償化に関連して、いろいろと改革案が論じられています。例えば、待機児童の問題がまず第一に解決されなければならないのではないでしょうか。幼稚園で一クラス三十名の子ども。保育園では三歳児は二十名ですが、四、五歳児は三十名。これは欧米諸国と比べて多すぎます。一クラスの子ども数を減らすと、認可外保育施設のサービスのことはどうなるのか。先生のお手当を小学校教諭と同じにし、男子の先生を増やし、幼児教育の先生が研修を十分に受けられるようにするなど。

保育園から帰ると、ママが夕食の準備をする間、くまのプーちゃんを背中でおんぶのお仕事中。（1歳児）

　ところで現在、保育料は保護者の所得に応じて負担があり、所得が少ない家庭で年十万円以下ぐらいで、所得の多い家庭は年数十万円です。もしも一律無償化ということになれば、所得の多い家庭が国から一番手厚い保護を受けることになってしまいます。認可外で月十万円ぐらい払っている家庭もあるので、公平性と必要性の法則に反し、新たな不公平である、という不満が生じてきます。

　確かに海外では幼児教育無償の国があります。それは二十一世紀社会の未来を見据え、幼児教育の裾を上げることは、将来、優れた人材を養成するために最も有効な手段だというエヴィデンツで実証された保育論の研究があるからです。非認知能力の重要さです。

保育の質――非認知能力育成・幼児期の教育内容の充実

　幼児期は根気、自己肯定感、自尊感情、注意深さ、意欲、自信などの非認知能力の育成にとって大変重要な時期で、この非認知能力の育成は、その子どもの将来の所得をも左右するという保育論エヴィデンツによって無償化するのです。

わが国には幼稚園、保育園、認定保育園などの諸施設がありますが、保育の質はピンからキリまでです。この保育の質の向上は、わが国の幼児教育界の喫緊の課題です。

モンテッソーリ教育へ期待——グローバル化された保育界

二〇一七年の八月、モンテッソーリ教育の全国組織体「日本モンテッソーリ協会（学会）の創立五十周年記念大会」が東京都千代田区の都市センターで開催され、開催日一カ月前に千人の参加希望者がありました。グローバルな世界中、保育内容の動向は、モンテッソーリ教育に対する期待がとても大きくなっています。

また、私はわが国におけるモンテッソーリ教育の教員養成コースに関わっていますが、二〇一八年のコース入試の傾向は、ママがわが子の教育のためにコースを受験しておられることです。幼児とパパもモンテッソーリ園に通える地区へ引っ越されています。

高校の漢文で習った「孟母三遷の教え」を思い出し、明治維新一五〇周年目にあたり、この教育改革の重要さに身のひきしまる思いです。

指先の繊細さは、外に現れた脳の活性化
（2 歳児）

数字をなぞっていたら、いつの間にか
書けるようになっていました。（4歳児）

楽しく 50 音が読めるようになりました。
（4 歳児）

モンテッソーリ教育の普遍性

五歳児の生きる世界

外房線で安房《あわ》小湊《こみなと》の三日月温泉プール＆スパへ家族旅行に出かけました。太平洋の海が目の前に広がります。こうしてみんなに会うと、時間の流れの速さを感じます。子どもの成長を目の当たりにするので。

陽太くんは八歳、唯人くんとあかりちゃんは五歳、一也ちゃんは二歳になりました。

わたしたちは東京駅の外房線のプラットホームで待ち合わせました。あかりちゃんたちが最初に着きました。あかりちゃんは、はやく唯人くんが来たらいいな！とプラットホームの椅子に座って、右を見たり左を見たり。向こうから、唯人くんと陽太くんとが走って来るのを見つけると、あかりちゃんも走り出しました。

二人が出会った時、唯人くんはお母さんの後ろに隠れて大声で泣き出してしまいました。お母さんは笑って、「緊張しすぎちゃったわネ」と言いました。すると、あかりちゃんは、「わたしもきんちょうした」と言いました。

五歳の仲良しいとこ同士（「家庭の友」、二〇一八年六月号　三〇頁参照）は再会すると、男の子の方が泣いてしまうのですね。

温泉プール＆スパで

陽太くんは小学四年生で、国語が大好きで、運動は剣道に週三回通い、プールにも週一回行っています。公文《くもん》も。幼稚園に行っている唯人くんは、お兄ちゃんの陽太くんがやることはなんでもやりたがって、一緒にしているとのこと。お母さんは唯人くんの習い事での着換えや送り迎え、そして陽太くんの小学校のＰＴＡ役員の仕事などでいつも大忙しだそうです。

あかりちゃんは、運動では新体操と体操とプール。公文に週二回、ピアノも。おばあちゃんとグランパ（アメリカ人のおじいちゃん）が保育所から連れて行っています。今の子どもにはいろいろな学校があるのですね。よそのおばさんが「公文、楽しい？」と聞くと、あかりちゃんは「たのしい！」と、返事しました。

子どもたちは全員、運動塾で泳ぎを習っているので、プールでは「一、二、三、四、五」を数える間、顔を水につける。しばらくしたら、それぞれのお父さんの足の間を潜って、向こう側に水中を通り抜ける、遊びに夢中……になって。平気で一時間半も、二時間も、温泉スパの中で遊んでいます。わたしは寒くなって、高温サウナを利用して冷えた身体を温め、再度温水プール＆スパに入り、子どもたちの遊びに加わりました。

吸収する精神

夕食後、みんなで卓球の部屋へ移りました。唯人くんも、あかりちゃんも、卓球は初めてです。まず、唯人くんとあかりちゃんのお父さん同士が卓球をしました。ピンポン玉が右へ、左へ、飛び交う。何回も、何回も、行ったり来たり。上手、上手！

次に、お兄ちゃんの陽太くんがお父さんとプレイしました。

そうしたら、唯人くんとあかりちゃんがやりたがり、二人は生まれて初めて卓球のラケットを手にしました。すぐ試合のスタート！　陽太くんがカウントの係です。

そう、この卓球の部屋で、モンテッソーリ教育法の正当性、普遍性をかいま見る思いがしました。

五歳児の二人は、自分の身近なお父さんやお兄ちゃんが、目の前でやって見せてくれたことをちゃんと見て観察し、そうして観察したことをきれいに吸収し、吸収したものを見せてくれたのです（吸収する精神↓筋肉記憶）。いとも簡単に！

陽太くんは卓球台の真ん中に立ち、両者のカウントを言い渡します。そして唯人くんには唯人くんのお父さんが、あかりちゃんにはあかりちゃんのお父さんが付き、何かと温かい目で指導、応援していました。プールの中でも、卓球でも、食事の時も、いつも、いつも子どもの身近にいて見守って、そのお手本を見せていました。子どもは〇歳から三歳までは環境を無意識的に吸収します。三歳から六歳までは意識的に自分を愛し保護してくれる人について行き、意識的に吸収します。

学んだことを身近な環境に見つける

また、五歳の二人はポスターの前に立って、ポスターに印刷された文字を大きな声で読みました。「いま、どこ？　ここはです」と……。エッ！　何？と大人はポスターを見ました。そこには「いま、どこ？　ここは安房小湊です」とあります。漢字をまだ習っていない二人は、知っている平仮名だけを読んでいたのです。二人は分からないことが分かって、その上、安房小湊がこのホテルの駅名だと知ると、満足していました。

モンテッソーリ教育では、教具を通して子どもはいろいろなことを学んで、それを周りの環境に見つけだします。唯人くんとあかりちゃんは、公文で習った平仮名をポスターに見いだしました。こうして二人は、モンテッソーリの方法論の正当性、普遍性を証明しました。

より多様化されていく個人

チェックアウトの時、ロビーであかりちゃんは「あつい」とオーバーを脱いで、ママに「いらないス！」と言って手渡しました。アラまあ、そんな言葉を一体いつ覚えたの？カメラを向けると、三人三様のポーズをとりました。みんな違うポーズ。違う個性を見た思いがしました。次に会う時、三人はどんなふうに成長しているのかしら？

保育園に落ちたVS保育園に拾われた

四ツ谷駅近辺

私のマンションは、東京都新宿区の四谷《よつや》と市谷《いちがや》の間にありますが、東京の心臓部に位置するからなのか、人生の縮図のようにいろいろな人に出会います。

障害のある子どもが車椅子でエレベーターによく乗っていましたが、最近は姿を見ていません。

四ツ谷駅には雙葉小学校付属幼稚園があります。雙葉の小・中・高の制服を着ていた女の子は、身長が伸び、もう卒業してしまいました。制服を着ていないから、そしてきれいになったから、もうどの人があの子だったのか見分けられません。

九段にある暁星小学校の制服を着た男の子は、地下鉄の市ヶ谷駅から、ずっと本を読みながら道を歩いてました。が、今はさっさと大股で通り過ぎて行きます。

　最近、引っ越してきた若夫婦には生後十カ月の赤ちゃんがいます。エレベーターの中で会うと、赤ちゃんはベビーカーの中から、こちらをじっと見つめています。

「保育園へ行っているの？」と尋ねたら、彼女は来週から職場に復帰するので、保育園に預けるのだと答えました。隣のマンションの二階には東京都の認証保育所があるので、「お隣？」と聞くと、「違う。曙橋で、自転車で十分！」とのことでした。隣に保育所があっても、入れないのです。

　別の階の四歳児は、私が道を歩いていると、自転車の後ろから「おーい、おーい」と声をかけてきます。四谷新生幼稚園の元気な年中さん。時代的にあまりにも違いすぎますが、第二次世界大戦直後、焦土化し、掘っ立て小屋の立ち並ぶ東京を見て幼少期を過ごした私は、保育所も幼稚園も行ったことがありません。

　しかし十歳離れた妹は、近くの神社の幼稚園に通いました。小学生だった私は、妹を幼稚園へ連れて行ったり、お迎えをしたりしました。そして、「今日、幼稚園で、何をしたの？」と聞いた記憶があります。

　人は生まれた時代や場所という条件の下で人間として生きなくてはなりません。

世界の私立学校に、どのような教育をしているかと質問するユネスコのアンケートによると、モンテッソーリ教育が一番多かったそうです。しかし、日本ではモンテッソーリ教育をしている保育園や幼稚園を見つけるのは至難の業で、住んでいる身近な地域では見つけられません。

モンテッソーリ教育の現場では

私は上智大学で学んだご縁で、またドイツのケルン大学で学位を取得したことから、モンテッソーリ教育法と深く関わるようになりました。

日本にモンテッソーリ教育が初めて導入されたのは明治の最後の年（一九一二年）でした。しかしすぐ日中戦争や第二次世界大戦になって、自由を尊重するこのモンテッソーリ教育法は間もなく姿を消しました。戦

マリア・モンテッソーリ
(Maria Montessori, 1870-1952)
イタリアのアンコナ生まれ、オランダのルドヴェークアーンゼーで死去

後、上智大学文学部の教育学科を中心にモンテッソーリ教育の研究会が発足し、そこから一九六八年七月二十一日に日本モンテッソーリ協会が誕生しました。初代会長は鼓常良氏です。本稿の写真①～⑥は、氏のお嬢様の川村洋子氏が開設された「梶山モンテッソーリスクール」の子どもたちの日常生活の写真です。

モンテッソーリ教育とは

伝統的な教育法では同じ年齢の子どもたちによる横割りクラス編成で、子どもたちは色つきの帽子をかぶって、年齢がすぐ分かるようになっています。

モンテッソーリ教育法を導入している幼稚園や保育所や子ども園の特徴は、クラス編成が三歳児、四歳児、五歳児の縦割り、異年齢の子どもたちによるクラス編成です。

モンテッソーリ園での一日の流れは、一日中、モンテッソーリ的であるべきです。どういうことかと言うと、一日のうちで一時間半だけがモンテッソーリ教育というのではいけません。

モンテッソーリ教育と言うと、多くの方は教具を思い浮かべ、モンテッソーリ教具に触れている時だけが、モンテッソーリ教育と思いがちですが、そうではありません。

モンテッソーリ教育は、子どもの発達が土台で、生活と生き方を指しております。

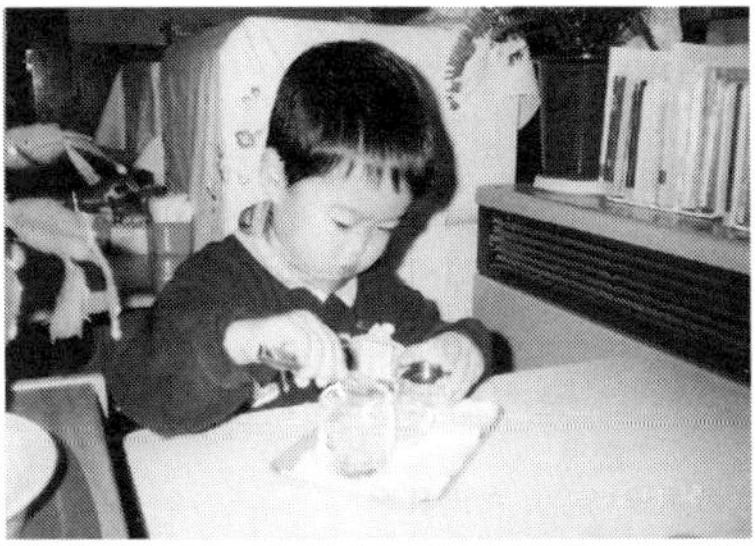

①パスタのより分け　2歳児
3種類のパスタを砂糖ばさみでより分けています。

②スポンジ絞り　3歳児

③漬物づくり　3歳児

④くつを磨く　３歳児
　それぞれの用途に合った道具を使い、時間をかけて、くつをみがきあげました。この時は古い皮ぐつだったので、ピカピカにはなりませんでした。

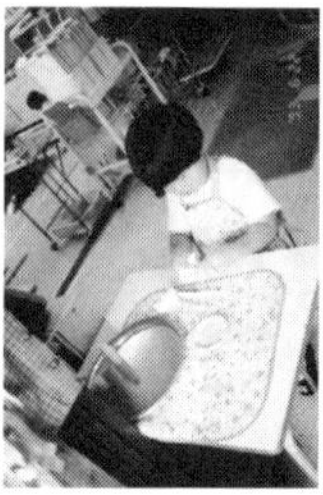

⑤金属みがき　３歳児
　ピカピカになるまで、根気よく活動しました。

⑥おしぼり絞り　３歳児
　力強く絞りあげ、お友達のお弁当の時に使ってもらいます。

保育の専門性を目指して

私は大学で幼児期の保育や教育に関わる授業を担当しています。「教育方法論」の授業の時間に、学生の阿由葉萌さんのグループが小さい幼児の発達を次のような絵を黒板に貼り付けて、プレゼンテーションを続けました。なんて素敵な絵だこと!

赤ちゃんの成長ぶりが、とてもよく表されています。

赤ちゃんは生まれてから、目が開いているときは、いつも周りを見ています。見て、聞き、触り、味わい、嗅いで精神的なことも吸収しています。あおむけやうつぶせからお座りをする〇歳児。私は赤ちゃんのひたいの水色のところから、どんなに赤ちゃんが一生懸命に体を支えているかを感じました。生きるエネルギーのすごさ!

四つんばいから、つたい歩きをして、立ち上がり、歩き始めの頃の一歳児。

0歳児

言語の爆発期とも言われ、言葉がたくさん出てくるようになる二歳児。

保育園や幼稚園でのびのびと楽しく、でもちょっと緊張して集団生活を過ごす三歳児。

子ども同士で活発にコミュニケーションを交わし、多様なつながりをお友達と経験する四歳児。

年長さんとしての誇りと自覚を見せる五歳児。

幼児の発達の特徴をこれらの絵はなんて的確に表現できていることか。学生たちが毎日、大学で保育者としての専門性を身につけて学ぶ姿に、将来が期待されます。

3歳児　2歳児　1歳児

5歳児　4歳児

モンテッソーリの先達
――コメニウス四段階

十七世紀の教育家コメニウスも図表で教育の四段階について記述しました。各々、六年間です。

最初の六年間を幼児期と言い、母親学校と呼びました。感覚によって幼児は自然や世界と出合います。次の六年間は児童期で、ここまでは母国語で学び、想像力と記憶力を重視し、それらを内的感覚と見なしています。次は、少年期で子どもはギムナジウムつまりエリート教育で、ラテン語と古代ギリシャ語を取得し、自ら考え判断する人間養成、社会のリーダーになる教育を受けます。最後の六年間は調和のとれた意志力をもつ少数の人の、特別な教育です。

	6年	6年	6年	6年
発育段階	幼児期	児童期	少年期	青年期
学校	母親学校	母国語学校	ギムナジウム	大学
目標	外面感覚	内面感覚（記憶、想像）	理解力 判断力	調和的意志
教科	科学、芸術、形而上学初歩、自然との接触、理科の準備、世界図解	生活のための準備、読み書き、算数、讃美歌、歴史、地理、道徳、宗教	汎知論、一般教育、ラテン語、ギリシャ語、ヘブライ語、文法、自然哲学、数学、科学、倫理、弁証法、修辞学	少数の英才のための教育、特殊教育

モラヴィアのヤン・アーモス・コメニウス（Johann Amos Comenius 1592-1670）構想による教科課程

モンテッソーリの発達の四段階――「いのちのリズム」と「球根」

二十世紀初頭、新教育の代表者の一人、モンテッソーリは一九五〇年、イタリアのペルージアの教員養成コースで「いのちのリズム」と言われる逆三角形。一九五一年にローマのコースで「球根」。この二種類の絵図で子どもの発達を解説しました。

「いのちのリズム」では、乳幼児期と思春期の赤色は激しく発達する時期を表しています。児童期と青年期の青色は安定し、落ち着いた、発達をする時期です。

「球根」の黒色は無意識の時期を表します。彼女は医者でしたので、精神的・文化的・神様という宗教的なことも含めたまわりのすべてを吸収するこの年齢は、人間形成にとってとても重要な時期であることを示します。

グリーン色は植物のチューリップの葉が青々と生長するのを、人間形成でなぞらえています。「球根」の図でも、三歳前後と十二歳〜十八歳が赤色なのは急激に大きく成長することを表します。三歳時は第一次反抗期、思春期を第二次反抗期。反抗することは外面的には反抗ですが、それはしっかりと自分で自分を形成している ことを表現している、とモンテッソーリは言います。

このようにモンテッソーリ教育は、コメニウスから二十一世紀の群馬医療福祉大学の子ども学科の学生さんにもつながって、彼らの卒業後、小さい幼児の保育現場でも受け継がれていきます。

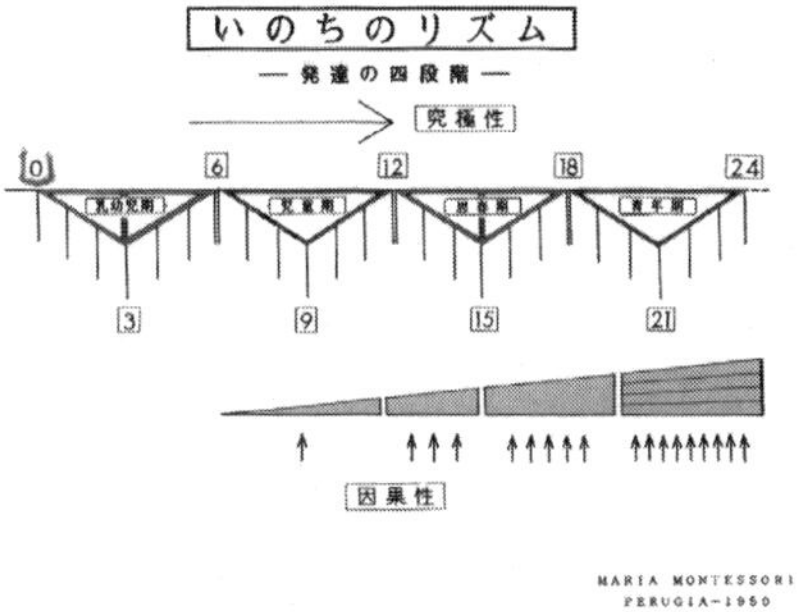

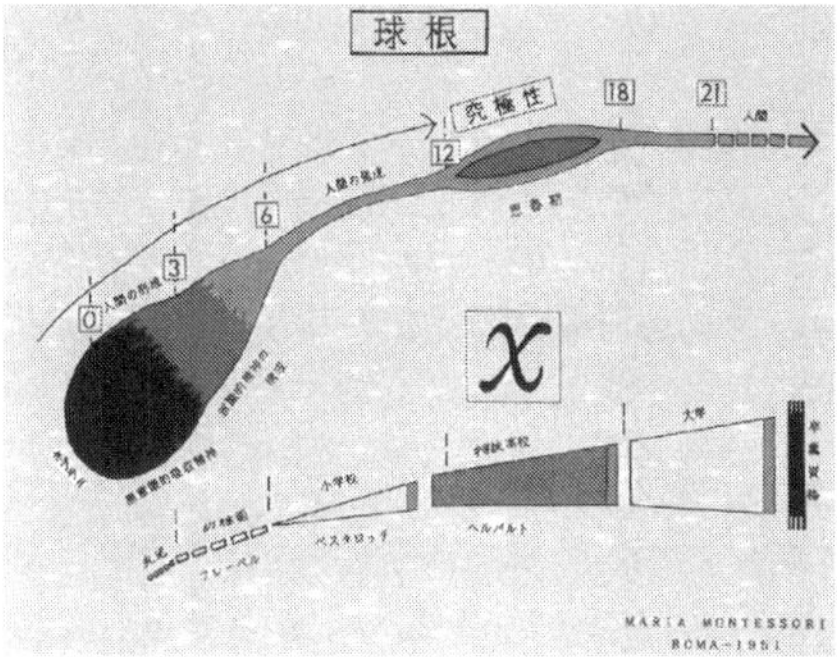

乳幼児の心理運動的発達

「N」と「2」

妹には孫がいます。女の子で、とてもかわいい。あんパンと肉まんをミックスしたようで、名前はあかりちゃん。

妹があかりちゃんと一緒に渋谷駅のハチ公の前を歩いていた時、高校生の制服を着た生徒五、六人とすれ違うと、生徒たちが「わぁー、かわいい」と言って振り返ったと、妹は満面の笑顔で話しました。

あかりちゃんの二歳のお誕生日が近づく頃、周りの人はよく、「お年はいくつ？」と聞きました。

あかりちゃんは「一つ」と大きい声で答え、そして人差し指で「一つ」を示しました。

「こんど、いくつになるの?」と聞かれると、「二つ」と、はっきり、大きい声で返事しました。

しかし、中指はピンとはならず、ゆらゆら揺れていました。数日後には中指がピン!と伸びていました。幼児の心理運動機能のスピードの速さにはびっくりさせられました。

また、妹が保育園にお迎えに行った時、別のお迎えの方がニューバランスのスニーカーを履いていました。靴にはニューバランス(New Balance)のNがありました。靴を履く所であかりちゃんは「N」に目をとめると、「二つ」と言ったそうです。

そのお迎えの方は、「あかりちゃんは2が分かるのね」と褒めてくださって、「なるほど、これは2だね」とおっしゃいました。妹はニューバランスの靴のNは、なるほど2に見えるのだ、と二歳になったばかりの幼児の発想に驚いたそうです。

その話を聞き、私はデパートの靴売り場へ行き、Nにはニューバランスの NとナイキのNがあることを知りました。

私がサンパウロの「家庭の友」誌に連載させていただくのは今回で三回目です。

「家庭の友」、一九九九年一月号の二二頁に、当時の私の家族写真を載せてもらっています。

あの頃は健在だった両親は今は天国で、姉妹はそれぞれ家族がいて、孫もいます。

私たちの家族は、年に二回、全員が集まります。一回目はお正月の元旦です。二回目は両親を追悼する六月のミサの時です。左の写真は二〇一五年六月、上智大学のクルトゥルハイム聖堂で、日ごろご指導をいただいているイエズス会士グンター・ケルクマン神父様とご一緒のミサ聖祭後の集合写真です。

二歳児の手

横浜のモンテッソーリ幼稚園で二歳児が本物の金づちで本物の釘を打っている、と電話で聞い

て、早速、私は見学させていただきました。窓際の工作用の机に向かって本当に本物の金づちで本物の釘を打つ、集中した二歳半児の姿を見て、やはり驚きを隠せませんでした。なぜなら、まだ手の機能が十分に出来上がっていないのに、間違って自分の手を打ってしまったら、と心配したからです。でも心配は無用でした。最初にゆっくり、はっきりと、やり方を見せれば大丈夫です。

二歳半児のコーナーには本物の金づちと本物の釘が置いてありました①。②から④までは二歳児の作品です。②は先生が線や絵を描いておくと、幼児はその上に釘を打ちます。③は幼児が自分で描いた絵の上に自らの意図する箇所に釘を打っています。④はさらにその応用。⑤と⑥は玉にひもを通すお仕事です。

幼児の大好きな活動で、子どもは手を使うと、容易に集中する姿を見せてくれます。

神様は世界を創られ、ヒトの発達の法則も創られました。それには驚きがいっぱいです。

グローバルな「いのちの奇跡」

新宿の映画館で『ベイビーズ』という映画を観たことがあります。大学の講義でも「人間とは何か」がテーマの時に、『ベイビーズ』のＤＶＤを学生さんたちに観賞してもらいます。時代は二十一世紀。しかし場所はアフリカ、アジア、アメリカと異なった大陸に位置するナミビア、モンゴル、東京、サンフランシスコの四カ所。同じ時代に生まれ、まったく違う文化の中で育つ四人の赤ちゃん。誕生前から歩き、しゃべり始める頃までの、日常生活を記録したドキュメンタリー映画です。これを見て、すぐ分かることは、「あァー、赤ちゃんは同じ！」だ、ということです。

①

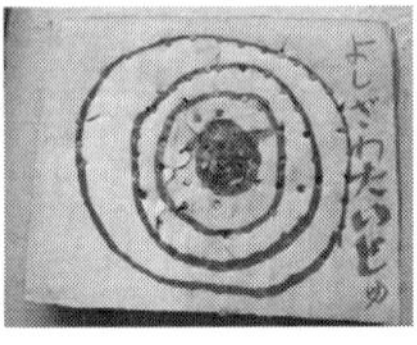

②

③

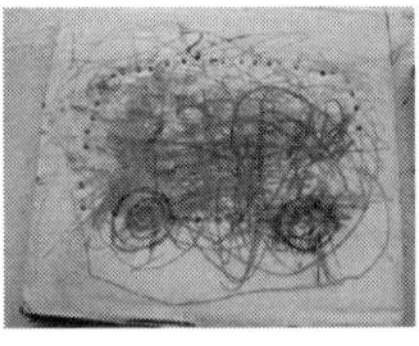

④

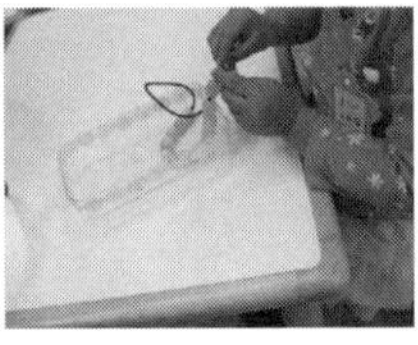

⑤

⑥

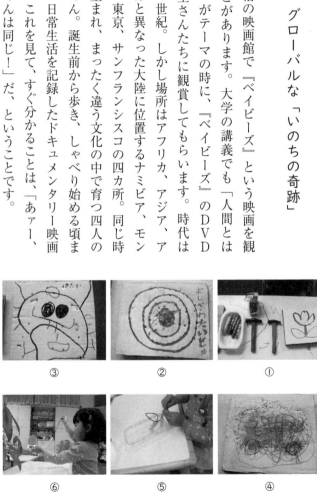

力強い生命力、あふれるばかりのエネルギー、無限大な可能性が発揮されて育っていきます。そして、そこにはヒトとして同じ発達の自然法則が見て取れます。これは「いのちの奇跡」です。

「いのちの奇跡」から私は、マリア・モンテッソーリのインド時代を思い出しました。モンテッソーリは、第二次世界大戦中、ずっとインドに滞在していました。彼女の周りには、多くの若いインド人女性が赤ちゃんを連れてやって来ました。モンテッソーリは、この赤ちゃんたちを観察して、彼女の教育メソッドを考え出しました。

神様はコスミックのすべてを創造されました。「発達の自然法則」も、そうです。子どもの成長はグローバルです。

あかりちゃんは天才――三歳児は天才

妹の孫のあかりちゃんは三歳半です。パパとママはお仕事があるので、生後六カ月から保育園のお世話になっています。妹は孫をお迎えに行くのが、人生でいちばん楽しい時だと言っています。

あかりちゃんが、まだハイハイしていた頃、お迎えのために保育園の〇歳児のお部屋に入ると、隅っこの段ボールの中にいたあかりちゃんは妹を見ると、すごいスピードでハイハイして、妹の両腕の中に飛び込み、一ミリのすき間もないほど、しっかり抱きついたそうです。

それ以来、妹は生涯のすべてをあかりちゃんのためにささげると、固く決心しています。

あかりちゃんは、もう三回保育園を変わりました。最初は、〇歳から二歳児まで、東京都認証保育所にお世話になりました。第二回目は、三歳になる直前、三歳児になっても通える保育所に変わりました。第三回目は、それから間もなくして認可保育所から空きが出たから、と連絡があったそうです。親は言わないのに、あかりちゃんはいつの間にか聞いていて、翌日、自分の好きな先生に、「あかりちゃんは別の保育園に変わるけど、悲しまないでね」と言って慰めたそうです。その日の連絡帳に、本当に変わるのかどうか、と問い合わせがあったそうです。

私は小さい子どもの頃、保育園にも幼稚園にも通ったことはなく、母のそばにいました。妹から孫の話を聞くたびに、今の時代の小さい子どもは、私の時代とはまったく違う世界に住んでいるんだ！　と、感じさせられます。

人生はつらいこと、悲しいこと、うれしいこと、いろいろなことに出合います。今の時代を生きるあかりちゃんは、ハイハイをする頃にはもう、寂しさと心細さを感じていたのでしょう。あかりちゃんは保育園を何回も変わることで、好きな、愛している人や先生との別れ、悲しみなど、いろいろと感じることができ、乗り越えている三歳児です。

私の気分が落ち込んでいた時、それを察したあかりちゃんは、私を抱くようにして「あかりちゃんのパワーを上げるね！」と、両腕で抱いてくれました。それは私にとって大きな慰めになり、今も大きな力になっています。

あかりちゃんは、すべての感情をすでに身に付けている人間の天才です。三歳児は、みな天才です。

運動が大好き――水泳、新体操

暑くなると、保育所のベランダはプールに早変わり。みんなでバタ足をし、生き返ります。あかりちゃんはプールが大好きで、二歳から週末には水泳教室に通っています。ママ、あるいはパパに抱っこされてプールに入っていました。

三歳になると更衣室で水着に着替えるのを助けてもらって、他のお友達と一列になってシャワーを浴びて、プールに入ります。小さくても、もうちゃんと社会人としてルールが守れます。

四歳児や五歳児と一緒のグループで、大きなお姉ちゃんやお兄ちゃんの後に喜んでついていきます。

月一度はテストがあります。前から入っているお友達、新しいお友達、みなそれぞれにプールの経験は異なります。バタ足ができるか、水を頭の上から流せるか、水の中に三秒間、顔をつけていられるか、背中で浮くことができるかなど、テストに合格したら、帽子につけるバッジの模様が変わります。

あかりちゃんは、バタ足のテストは合格しました。小さいバケツから水を頭の上へ流すテストも合格しました。現在は顔を三秒間水につけていられるようチャレンジ中です。でもテストでは、顔を二秒ちょっとしかつけていられず、判定は不合格でした。

新しいバッジはもらえませんでした。「もうちょっと！」と羽生結弦《はにゅうゆづる》（フィギュアスケーター）のようなしぐさをして、口を「へ」の字に曲げ、「こんどがんばる」そうです。その時、お友達から小さなお菓子が「はい、どうぞ」と手渡されました。あかりちゃんは、「ありがとうございます」と言いました。

それは更衣室での小さいお菓子の交換タイムです。あかりちゃんもお友達に、「はい、どうぞ」と小さいお菓子を渡しました。受け取った子はうれしそうに「ありがとうございました」と、お返事しました。プール教室では、泳ぎを習うだけでなく、やる気、自信、思いやりの心、知性、個性など、その子どもの人格が形成されることと大きく関わり合っているのが分かります。小さい子どもは共に生活する環境の中で、互いに思いやり、尊敬し合う社会性を身に付けているのですね。これは子どもの「いのちの神秘」です。

最近、あかりちゃんは別の運動もやりたいと言っているそうで、それは新体操です。保育園の好きな先生が、新体操のできる先生だから、いろいろ教わっているようです。

あかりちゃんの歩き方は、時々オリンピックのテレビ中継で観るような新体操の選手のように、つま先歩きをしています。走る時、新体操の競技で観るような走り方をします。リボンが大好きで、集めては、つないで長くして、振ったりします。リビングのソファの上で、胸を上にして手と足で、バッタのような格好をします。床の上では、両足を一八〇度開脚するのです。

子どもは自分の生活環境の中で、周りを観察し、身体を動かし、自分自身を創造しています。マリア・モンテッソーリは、これを「第二の創造」と呼びました。

第一の創造は、もちろん神様による世界創造です。子どもは神様から特別の創造の業を引き継いで、自分自身の心身を創造しています。小さい子どもは、神様から特別なお恵みをもらっています。モンテッソーリは、このお恵みを「いのちのリズム」（図表六五頁）と言って、一九五〇年にペルージアの教員養成コースで使い、翌年一九五一年には、ローマのコースで「球根」の絵図（六五頁）で表しました。（「家庭の友」、二〇一七年四月号、三二頁参照）

モンテッソーリ・チャイルドは手指や手足の身体を動かし、運動するのが大好きです。

左の写真は横浜モンテッソーリ幼稚園の運動会（二〇〇三年十月十二日）で、五歳児が見せてくれたピラミッドです。

藤井聡太VSモンテッソーリ現象

日本モンテッソーリ協会（学会）
——第50回全国大会申込者千人

「家庭の友」の二〇一七年七月号と八月号のモンテッソーリ連載シリーズに、日本モンテッソーリ協会（学会）創立五十周年全国大会八月八日(火)～十日(木)のお知らせや、モンテッソーリ教育の特集をさせていただきました。この宣伝効果は想定外の効果をもたらしました。

この大会について四月中旬に大会申込書を会員に発送しました。日本モンテッソーリ協会のホームページ上でファックスとともに、ウェブでも申し込み可能なことを載せました。

〈ヨーロッパの地図と五歳児〉
自分で作った地図に、首都の名前を刺して集中する子ども。これが終わったら、国旗を刺します。地図を発泡スチロールの台の上につけてあるので、気持ちよく、刺し込めます。（梶山モンテッソーリスクール）

一週間後、申し込み業務を引き受けてもらった名鉄観光に電話で申込者の人数を問い合わせると、八十人でした。その一週間後にまた電話すると、一八四人でした。いつも週明けに電話して人数を確かめると、どんどん人数が増え、六月八日には五七〇名になっていました。六月末になると八七九人。七月十日には九五一人です。大会申し込み人数に関しては、従来の大会の状況がまったく参考にならない推移でした。従来の全国大会は、六百人前後の参加者でした。会場のキャパシティーや、トイレの数を考えて、残念ですが、お断りもやむを得ませんでした。

藤井聡太——持続する高い集中力

強い追い風も吹きました。「藤井聡太七段現象」です。わが国の伝統ある将棋界において、十七歳の藤井聡太七段（中学三年生当時、十四歳でデビューし、無敗のまま、公式戦で前例のない最多連続記録「二十九勝」を果たした）は、二〇二〇年七月十六日に最年少タイトルを懸け、十七歳十一カ月で三十年ぶりに棋聖を奪取しました。

連日のテレビ、新聞、週刊誌では、藤井七段の快挙とともに、モンテッソーリ教育を導入している保育園や幼稚園、子どもの家などが取材を受けました。

その理由は、藤井七段が三歳の時に入った「雪の聖母幼稚園」（愛知県瀬戸市）がモンテッソーリ教育を導入していたからです。

マスコミは、藤井七段の「持続する高い集中力」や、「群を抜く集中力」や、「深い直観力」と「隙のない読みの力」などに注目しました。予想外の状況になっても、動じない、藤井七段の精神力には、大きな感嘆が寄せられています。

藤井七段は「持続する高い集中力」などを、どこで、いつ、どうやって身に付けたのでしょうか。

将棋の試合が始まると、試合は、時には十二時間以上も続きます。

史上最年少棋士の藤井七段の内に秘められた、強力な集中力、難解な局面を打破するあの力は、幼児期に受けたモンテッソーリ教育にある、とすべてのマスコミは報道しました。

モンテッソーリ幼稚園の保護者――藤井聡太七段のお母さん

サンパウロの「家庭の友」誌とはおつきあいが長く、今回の連続テーマは、「今、なぜモンテッソーリ教育」です。

この問いに対して、藤井七段のお母さんの裕子さんが、毎日新聞の二〇一七年六月七日と八日に「親ありて」の記事で答えているように思います。

「親ありて」によれば、お母さんは、「好きなことを見つけ、集中してもらうために何ができるか、いつも考える」と、おっしゃっています。

お母さんには二人の息子がいて、次男の聡太君の子育てには、すでに長男の子育ての経験を生かしたようです。

さらにお母さんは、モンテッソーリ教育を導入していた「雪の聖母幼稚園」の先生方のお話をよく聞き、理解し、それを家庭での子育てのモットーとしていることが推測されます。なぜ

「円柱さし」に集中する子ども
梶山モンテッソーリスクール

なら、お母さんが言われていることは、モンテッソーリ教育の原点、スタートだからです。
本当に集中力はモンテッソーリ教育の要です。

モンテッソーリ教育の原点――集中すること

モンテッソーリ教育の歴史の中で、モンテッソーリ自身と親交があり、モンテッソーリ教育をよく理解したアメリカのスタンディングによれば、モンテッソーリ教育の原点は以下のとおりです。

ある日、モンテッソーリは三歳くらいの幼児がいろいろなサイズの円柱を直方体の台にはめ込んだり、抜いたりする活動に集中している様子を見ていました。幼児の並はずれた集中度を試そうと、他の子どもたちにそばで歌を大きな声で歌わせたり、または、集中している幼児の周りを歩かせてみました。

しかし、集中し没頭しきった幼児は何も気づかないようで、そのまま円柱をはめ込んだり、抜いたりし続けました。

次に、幼児の座っている椅子をそっと机の上に置いてみたら、邪魔されている間、幼児は円柱をじっと手につかんでいて、その後活動を続け、四十二回ほど繰り返しました。しばらくすると、突然、夢から覚めたような円柱さしの活動を止めました。その時、幼児の目は輝き、あたかも休憩後のような安らぎが感じられました。（E・M・スタンディング著　K・ルーメル監修、佐藤幸江訳『モンテッソーリの発見』エンデルレ書店　三二頁参照）

藤井聡太七段の母、裕子さんは、わが子が通うモンテッソーリ幼稚園のすばらしい保護者だったことがうかがえます。

聡太君が生活環境の中から好きなことを選び、集中できるため、母親として自分のできることをいつも考えたという、「子どもに寄り添う大人として」の心に、モンテッソーリアンとして私は敬服します。

日本のことわざ――三つ子の魂百まで

平成からモンテッソーリ教育を考える

モンテッソーリと※リカレント教育

私の勉強机の前の壁には、アデレ・コスタニョッキさんから贈られた写真のマリア・モンテッソーリがほほ笑んでいます（写真1）。平成の最後の今、わが国のモンテッソーリ教育はどのような状況なのでしょうか。私が勤務している群馬医療福祉大学を、一つの例にしてみましょう。

最大規模の試験、それは入試センター試験ですが、二〇一九年では、一月十九日（土）と二十日（日）でした。いつも新聞やテレビで大きく報道されます。当日は、ねずみ一匹潜《もぐ》り込めないほど厳格な警備のもと、受験生の方々が安心して受

写真1

験できるように万全の配慮がなされます。大学の正門周りには、ご家族や高校、塾の先生や友達が、エールを送り応援しています。

今年の大学院出願者の特徴は明確で、モンテッソーリ教育の〇～三歳、三～六歳、六～十二歳の国際モンテッソーリ協会発行ディプロマ取得者がおられました。一つだけでなく、三つもディプロマを持つ実践家のモンテッソーリ教育のプロが、リカレント教育で、大学院において研究されることを希望したのです。これは、とても楽しみなことです。

※社会人になり、就職している人が勉強すること。

モンテッソーリの歴史的経緯

わが国におけるモンテッソーリの足あとを振り返ると、最初にモンテッソーリ教育が紹介されたのは、明治四十五(一九一二)年一月十一日(木)、日刊報「萬朝報」の解説欄でした。

日本人による最初のモンテッソーリ教育に関する著作は、大正三(一九一四)年の今西嘉蔵著『モンテッソーリ女史教育の原理及実際』大同書店、一〇八頁と、同年の河野清丸著『モンテッソーリ教育と其応用』同文館、六三六頁です。

　日本人で最初にモンテッソーリ教員養成コースに通い、勉強したのは、ドイツのケルン大学近くの「聖園幼稚園」のシスター・オイゲニア石本知子で、一九六〇年のこと。ケルン大学校舎の隣のパランター通り四番で、日本人のシスターたちは、ドイツの子どもたちのための幼稚園を経営していたのです。

　このケルンのモンテッソーリ教員養成コースに渡欧中の赤羽恵子氏が、一九六一年に通い始め、ディプロマを持って一九六三年末に帰国しておられます。

　マリア・モンテッソーリのご令孫レニルデ・モンテッソーリさんは、一九九九年七月二十九日（土）、上智大学開催の第三十三回全国大会で講演されました（写真2）。彼女の講演は、学会誌「モンテッソーリ教育」第三十三号に掲載（写真3）されています。

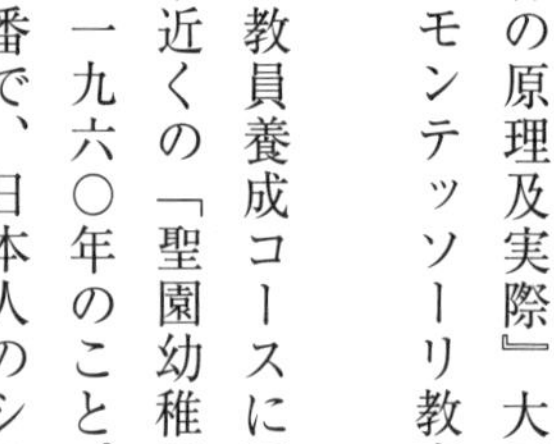

写真2

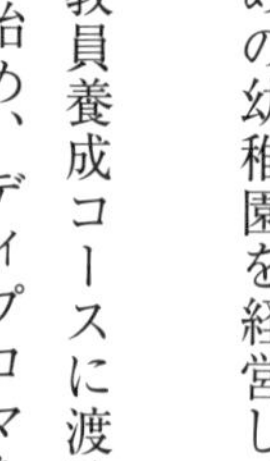

モンテッソーリ教育

第 33 号

日本モンテッソーリ協会

写真3

日本モンテッソーリ協会

わが国における全国的な組織体で、学術審議会に承認された学会の「日本モンテッソーリ協会」は一九六八年に発足し、毎年夏、全国大会が開催されます。カトリック教会の白柳誠一枢機卿は、モンテッソーリ教育を積極的に評価され、足を運ばれたりしていました（写真4）。なお、最初の教員養成コースは、一九七〇年四月に、上智モンテッソーリ教員養成コースができました。

卒論ばかりでなく、修士論文や博士論文のテーマに、モンテッソーリ教育は増えています。日本モンテッソーリ協会の学会誌「モンテッソーリ教育」には毎年、自由投稿があります。学会誌なので、二名の査読者による厳格な査読が行われています。

写真4

ルーメル通り

三十年にわたって、日本モンテッソーリ協会の財政的・組織的基盤をゆるぎないものにしてくださった三代目会長クラウス・ルーメル師（イエズス会）が二〇一一年三月一日、帰天されました。彼はドイツ人で、ライン湖畔のケルン出身者です。

二十一歳でイエズス会の神学生として山口に上陸し、広島で被ばくして、東京で上智大学の理事長を二回務めた後、モンテッソーリ教育の仲間を指導してくださいました。宣教師として九十五歳の人生を、日本人のため神様にささげられました。

故郷のケルン近郊プルハイム市では、ルーメル先生の名前と業績を忘れないように、「ルーメル通り」（写真5）が、生家付近に二〇一六年にできました。（日本モンテッソーリ協会のホームページをご覧ください。また、「ルーメル会」星島明光代表のホームページ https://luhmer-sj-klaus.jimdofree.com/ もご参照ください）。

写真5

ルーメル賞

一方、日本モンテッソーリ協会では二〇一二年、「ルーメル・モンテッソーリ奨励基金」が設立され、モンテッソーリ教育の普及・発展、会員の研究意欲の奨励と向上のために「ルーメル賞」（写真6）が授与されています。

第一回　赤羽　恵子、松本　静子、
　　　　森　　愛（二〇一三年）
第二回　下條裕紀媛（二〇一四年）
第三回　竹田　恵（二〇一五年）
第四回　松本　良子、町田　明、
　　　　相良　敦子（二〇一七年）
第五回　佐々木洋子（二〇一八年）

平成から元号の新時代へ、子どもたちのためにモンテッソーリアンが、いっぱい活動できたらいいなと思います。

写真6

日本モンテッソーリ協会（学会）――創立五十周年記念大会

上智大学にルーツを持ち、日本学術団体に登録されたモンテッソーリアンの団体である「日本モンテッソーリ協会（学会）」は十の支部からできていて、毎年の夏、それぞれの支部が担当して全国大会が開かれ、モンテッソーリ教育に関する理論と実践の研修を行っています。

今夏の全国大会は東京支部が担当します。これは誠に光栄なことです。東京支部長の私が選挙で選ばれていたので、大会実行委員長を務めることになりました。私たちは四年前から、会場選びなどの準備を開始しました。

一日目、基調講演は一九九五年の基調講演者の養老孟司先生にお願いしましたところ、創立五十周年記念大会にも快諾してくださり、とてもうれしいです。

基調講演　養老孟司先生
2017年8月8日（火）
10時～11時半
都市センターホテル
東京都千代田区平河町2-4-1
Tel 03-3265-8211
Fax 03-3262-1705

二日目、特別講演にオランダのアムステルダムからＡＭＩ事務局長リン・ローレンス先生が来日されて、日本のモンテッソーリアンに直接お話ししてくださいます。私は、今から胸がわくわくです。

三日目、アメリカからスカイプで、日本に多くの友人がおられるジュディ・オライオン先生が講演なさいます。なお、スカイプは市民講座です。

幼稚園、保育園、こども園の先生方から大学の先生までの研究発表、ラウンド・テーブル、創立五十周年の祝賀会もあります。五十年に一度の全国大会です。心を込めてご案内申し上げます。

リン・ローレンス先生

ジュディ・オライオン先生

大会申込要項
日本モンテッソーリ協会（学会）第50回全国大会
Japan Association Montessori
50th Anniversary Conference
【子どもによりそう大人たち】
ーモンテッソーリ教育の昨日、今日 そして明日へー
The Adults Serving and Aiding the Child
ー The Past, the Present and the Future of Montessori Education
August 8th - August 10th,2017
創立50周年記念大会
50
大会会場
都市センターホテル
〒102-0093 東京都千代田区平河町 2-4-1
TEL：03-3265-8211 FAX：03-3262-1705
申込に関するお問合せ
名鉄観光サービス株式会社 新霞ヶ関支店
〒100-0013 東京都千代田区霞ヶ関 3-3-2 新霞ヶ関ビル LB階
TEL：03-3595-1122 FAX：03-3595-1119
E-mail：shinkasumigaseki@mwt.co.jp
担当：岸浪・吉田・山邉
大会に関するお問合せ
第50回全国大会事務局
〒112-0002 東京都文京区小石川 2-17-41 富坂キリスト教センター2号館
東京モンテッソーリ教育研究所
FAX：03-5805-6787
E-mail：50taikai.tokyomontessori@gmail.com
会場：都市センターホテル
主催：日本モンテッソーリ協会（学会）
後援：千代田区教育委員会
日本カトリック学校連合会
東京都私立幼稚園連合会
東京都民間保育園協会
担当：日本モンテッソーリ協会東京支部
協力：東京モンテッソーリ教育研究所
東京国際モンテッソーリ教師トレーニングセンター

日本モンテッソーリ協会（学会）—— 創立50周年記念大会

大会スケジュール

8月8日（火） 1st Day

9：00	受付			
9：30	開会式			
10：00	基調講演 「ヒトの心とからだ」 東京大学名誉教授 養老孟司			
12：45	記念講演 松本静子	基礎講座 前之園幸一郎	ワークショップ① 日常生活	研究発表 1・2・3 研究発表 4・5・6
15：00	記念講演 相良敦子	応用講座 下條善子	ワークショップ② 感覚教育	研究発表 7・8・9 研究発表 10・11・12
17：30	50周年祝賀会			

8月9日（水） 2nd Day

9：30	受付			
10：00	特別講演 「平和を築く」ー世界市民の創造ー AMI事務局長 リン・ローレンス			
12：45	記念講演 赤羽惠子	応用講座 藤原江理子	ワークショップ③ 数教育	研究発表 13・14・15 研究発表 16・17・18
15：00	ラウンドテーブルI	ラウンドテーブルII	ワークショップ④ 言語教育	研究発表 19・20・21 研究発表 22・23・24
17：15	総会			

8月10日（木） 3rd Day

9：00	シンポジウム「子どもによりそう大人たち」 公開講座「誕生前から3歳児までのモンテッソーリ教育」 AMI認定トレーナー ジュディ・オライオン
11：30	閉会式

ワークショップ・東京モンテッソーリ教育研究所付属教員養成コース

今回は、「文化」教育（地理、歴史、生物）の教具と、それらの基礎となる日常生活、感覚教育、言語教育、数教育の教具をあわせて紹介いたします。
始めての方も、経験者にも魅力あるテーマです。是非ご参加ください。

各講座案内

記念講演「大波のようにモンテッソーリ教育導入の頃」
東京国際モンテッソーリ教師トレーニングセンター　松本静子

記念講演「子どもから学ぶ大人たち～モンテッソーリ教育の昨日、今日そして明日へ～」
元滋賀大学教授　相良敦子

記念講演「子どもから学んだ50年」
京都モンテッソーリ教師養成コース　赤羽惠子

基礎講座「モンテッソーリにおける子どもの“こころ”と“からだ”」
日本モンテッソーリ協会（学会）会長　前之園幸一郎

応用講座「子どもと共に育ち合うモンテッソーリ教育」
小百合学園広島モンテッソーリ教師養成コース　下條善子

応用講座「子どもの仕事・大人の仕事・人類の仕事～モンテッソーリ教育の活動の意義を考える」
九州幼児教育トレーニングセンター　藤原江理子

ラウンドテーブルI「インクルーシブ保育を目指して」
コーディネーター　有明教育芸術短期大学　岡本仁美
富坂子どもの家　勝間田万喜

ラウンドテーブルII「マリアモンテッソーリの遺産 原点にかえって」
コーディネーター　聖アンナこどもの家　野村緑
マダレナ・カノッサ幼稚園　天田松代

シンポジウム「子どもによりそう大人たち」
司会　愛珠幼稚園　天野珠子
シンポジスト　群馬医療福祉大学大学院　江島正子
大船ルーテル保育園　松川和照
モンテッソーリ原宿子供の家　堀田和子
東京未来大学　岡本明博

基調講演 養老孟司先生プロフィール

東京大学医学部入学、東京大学名誉教授、脳神経学者、解剖学者。「からだの見方」（筑摩書房）でサントリー学芸賞を受賞、「バカの壁」（新潮社）で毎日出版文化賞を受賞、京都国際マンガミュージアム館長就任、神奈川文化賞を受賞。

特別講演 リン・ローレンス先生プロフィール

国際モンテッソーリ協会（AMI）事務局長。前職はロンドンのトレーニングセンターのディレクターとして教師トレーニングに従事。現在、他の全てのAMIの業務と共に、発展途上国におけるAMIの教育プロジェクトに尽力している。

公開講座 ジュディ・オライオン先生プロフィール

国際モンテッソーリ協会（AMI）認定のトレーナー・コンサルタントとして教師トレーニングに従事。モンテッソーリ教育に重きをおいた教育学修士を取得し、AMIにおける新しいトレーナー育成委員会議長や、モンテッソーリカリキュラム検証委員会委員長を務める。

三つ折り大会プログラム
事務局長 三浦直樹先生（そらのいえ保育園）制作

モンテッソーリアンの仕事——「平和」を礎に生きる

日本モンテッソーリ協会（学会）は学術審議会に承認された学会です。わが国のすべてのモンテッソーリアンを傘下におく、世界的に見てもまれな、いろいろなグループの「モンテッソーリアン同士が、仲良く、平和に、より良いモンテッソーリ教育を分かち合う」全国組織体です。これこそ、マリア・モンテッソーリ女史、そして息子のマリオ氏がモンテッソーリ教育に希望していたことでした。

一九六七年から六八年にかけて、上智大学のペトロ・ハイドリッヒ先生がマリオ氏と日本モンテッソーリ協会を創立するためにいろいろと手紙を交わしていた時、マリオ氏が望まれたことは、日本に一つの全国組織体を立ち上げることでした。

こうした歴史を背景にした日本モンテッソーリ協会の創立五十周年全国大会を、この理念、すなわち「モンテッソーリアン同士が、仲良く、平和に、より良いモンテッソーリ教育を分かち合う」という考えで開催できたことを、本当に神様に感謝します。いつも、ごミサの最後に、「行きましょう。主の平和のうちに」と司祭が祈りますが、モンテッソーリ教育に興味と関心があるモンテッソーリアン同士の間で、この平和を実践できて、私はとても誇らしく思います。

日本モンテッソーリ協会は日本全国の十カ所に十支部が設置されていて、各支部が毎年、順番に全国大会を担当します。

東京支部長の私は東京で育ち、上智大学を卒業したので、今年（二〇一七年）、この創立五十周年全国大会を開催するにあたって、皇居と上智大学の間にあるコンベンション（会議）専用の都市センターホテルで開催できたことは幸いでした。

毎朝、七時には聖イグナチオ教会でミサにあずかるモンテッソーリアンは少なくありませんでした。

当協会ができて五十年目という時、また準備期間の最後の瞬間、五十年間モンテッソーリ教育運動の最前線を歩いておられた相良敦子先生のご訃報が飛び込んできました。大会開会式で黙とう、閉会式後、副会長ドメニコ・ヴィタリ師（イエズス会）司式で、聖イグナチオ教会マリア聖堂で追悼ミサが行われました。

彼女には総会の時、東北大震災十日前に帰天された三代目会長・理事長クラウス・ルーメル先生の名前を記念した「ルーメル賞」が授与されました。

養老孟司先生のヒューマニズム——ドイツ・ギムナジウムの精神

マリア・モンテッソーリはイタリアの医師でした。医者の国家試験合格後、ローマ大学で哲学、教育学を履修しました。

創立五十周年全国大会の基調講演にはモンテッソーリと同じく、医師の養老孟司先生（元東大教授）が基調講演をしてくださいました。先生は、第二次世界大戦後、ドイツ・イエズス会士が設立した栄光学園第四期の卒業生です。

演題は「ヒトの心とからだ——ヒトと動物はどこが違うのか——」です。そこには、「人間とは何か?」という赤い糸がありました。養老先生の話し方はユーモアがあり、高度の知性が輝きを放ちました。

栄光学園は初代校長のドイツ人、グスタフ・フォス神父が設立し、ドイツのギムナジウムの理念を礎にし、社会の伝統的なリーダーを養成する学校です。

栄光学園では、人は無限に成長する力、能力、可能性が神様から与えられている。自己の可能性を最大限に伸ばし、自己の可能性を他者のために用いる、というギムナジウムのヒューマニズムを大切にします。古代ギリシャ哲学からの教養を身に付けられた養老先生の講演には、プラトンのイデア論やスコラ哲学の考えがポンポン飛び出し、伝統的なヒューマニズムの精神が私たちの心の琴線に共鳴しました。

実は、モンテッソーリ教育の実践についてですが、言語の動詞の赤い丸のしるし、また名詞の黒い三角形の形は、プラトンの哲学に由来します。モンテッソーリが子どもの成長を図表にした「いのちのリズム――発達の四段階――」（六五頁）の「究極性」(Finality) はアリストテレスのエンテレヒー、ライプニッツのモナド論に由来します。モンテッソーリが形而上学《けいじじょうがく》を学んでいる証しです。

モンテッソーリ教育と言うと方法論を話題にしますが、養老先生の基調講演のように、モンテッソーリ教育は理論も実践も形而上学で基礎づけられています。養老先生が提起された考えは会場のモンテッソーリアンの心に深い感銘を与えました。

養老孟司先生の記念講演　2017年8月8日
都市センターホテル　コスモスホール
（写真：三浦直樹）

日本モンテッソーリ協会（学会）創立50周年祝賀会
2017年8月8日　都市センターホテル
（写真：清水珠香子）

ニド（0～1歳半）とインファントコミュニティー（1歳半～3歳）の子どもたちが自然に一緒になって集中現象。（写真：東京国際モンテッソーリ教師トレーニングセンター付属マリア・モンテッソーリ子どもの家）

縦割り保育――子どもの平和

モンテッソーリ教育を導入している園の特徴は、いろいろな年齢の子どもたちのクラス編成で縦割り保育です。前頁・下の写真はモンテッソーリ教育によるニドとインファントコミュニティーのモンテッソーリ・メソッドを導入している「子どもの家」で、偶然に、年齢の異なる子どもたち四人が一緒になって、夢中になっているところを撮った貴重な写真です。縦割り保育の年齢が違う子どもは、

①大きい子は、小さい子を助けます。
②小さい子は、大きい子を尊敬します。
③小さい子は、年上さんを見て、模倣します。
④子どもはみな、人格が認められています。
⑤子どもは自分のペースで学びます。

同じ年齢の子どもたちだけでは、競争になって、ケンカになります。
しかし、縦割り保育のモンテッソーリでは、みんなそれぞれが齢が違うので、自ら己《おのれ》を高める子どもに育ち、穏やかになり、ケンカになっても、平和的にトラブルを解決するという傾向性が見られます。

マリア・モンテッソーリは子どもを通して、世界に平和の実現を希望しています。

四歳児と自転車――女性トレーナー先生の坊や

私が通うジムには若い女性トレーナーの先生がおられ、細やかにトレーニングを指導してくださいます。彼女には四歳の坊やがいて、会話の中には、いつも坊やが登場します。彼女のご主人の実家が群馬にあり、私の勤務している大学の所在地と近く、なにかと親近感があるからなのでしょう。

坊やは二歳の時、人気のアンパンマン三輪車が大好きで、ブーブーと鳴らしては、足でこいでいたそうです。三歳から四歳にかけて、代々木公園でストライダーに三、四回乗り、それが練習になったのか、そのまま自転車に乗れて、四歳の今は普通の自転車にハマッテいるそうです。

坊やは二歳まで無認可の保育所に通っていました。三歳直前、奇跡的に、認可の庭つき保育園に移ることができました。お隣さんの同じ年齢のお友達と同じ保育園で、園でのお部屋もお隣で、園庭では一緒に走って遊んでいるそうです。トレーナー先生がお迎えに行き、家に帰っても、今度は自転車ですぐ公園に遊びに行く、と強く主張するそうです。「小さい子どもにつきあうのは本当に疲れます」と、先生は幸せそうに笑います。

幼い、小さい子どもは本当によく動きます。ハイハイをし、ヨチヨチ歩きを始めると、あっと思う間にとんでもない危険な所へ行っていて、ママはドキッとさせられることが、一体、何回あるでしょうか。きっと、数えきれないことでしょう。

モンテッソーリの「動き」——子どもの「いのち」

モンテッソーリは、ローマ大学医学部で講義したその内容を『教育学的人類学』という本にして出版しました。子どもについて著述し、子どもの「いのち」の原点を「動く」ことと考えました。

「動き」とは、生き物の生物の法則から考えますと、それは感覚が刺激を受け、脳に伝わって、そこから運動器官へ伝わっていくことになります。

動くということは、日常の生活で重要なことの一つです。動くということ、それは、子どもが意識して、何かをすることです。

すなわち、意識して、筋肉を動かします。筋肉には随意筋と不随意筋がありますが、意識して、随意筋を動かすのです。

これは何を意味するのでしょうか。

これは、小さい子どもは自分の心と体を、考えながら、動かし、何かをしているということです。

使う五感覚、脳、運動神経はさらに一層、発達します。指先と目が一緒に働くようになり、協応性が出てきます。

例えば、
①見たら、つかみたいとか
②見たら、触りたいとか
③見たら、なでたいとか
④見たら、危ないとか
⑤見たら、避けようとか。
これらの協応性は、自分で考えながらするのです。

反射的に、機械的に、何かをしているのではありません。
自分で考えながら、何かをしているのです。
そこでは知性の働きがあります。高められていく知性の活動があります。
また、「見たら」以外にも、
①引っ張ったり
②ねじったり
③引き抜いたり
④打ったり
⑤押したり、いろいろなことをします。
つまり、そういうことをするのに、
①どのくらい力を入れて
②どのくらいゆっくりして
③どのくらい早くして、
とかの力や活力、エネルギーの、それらに対応する心の働きが、養われます。
さて、これをしたヒトと、しなかったヒトとを比較すると、個性が違ってつくられていきます。この個性は一生残ります。

これをしたヒトの器用さというのは、誰でも持っていて、ふつう大人になれば、できるという器用さです。

しかし、とても器用なヒトというのは、五感、脳細胞、運動器官をしっかりと使ったヒトです。これらをしっかり、たくさん使った子どもは個性として、使ったことを自らの骨や血肉にし、それで自分を形成していきます。身を助けてくれます。

手先、指先の使い方は、そのヒトの生涯の人格になります。

研究発表者及びテーマ

日時	No	テーマ	発表者
8日			
12：45～13：30	1	感覚教具の幾何タンスと葉のタンスの形の認識について	石坂孝喜
	2	「環境における教育」を実践するために	金丸雅子
	3	わたしの居場所	町田愛
13：45～14：30	4	室内活動と屋外活動を結びつける試み	沖野由紀子
	5	子どもの人格を形成する「子どもと環境の関係」について	林悦子
	6	「手伝って」の発信を支える大人の役割	小山久実
15：00～15：45	7	自然（生活）体験と料理活動を通してのモンテッソーリ総合的活動の試み	石川徳子
	8	モンテッソーリ教育における人格形成の考察	保田恵莉
	9	モンテッソーリ教育における自閉症スペクトラム児への支援方法について	宮本香奈美
16：00～16：45	10	認識過程を考察し、喜びやつまずき、個性の実態を探る	佐々木千裕
	11	モンテッソーリにおける幼児の「学び」に関する研究	孫秀萍
	12	気になる子どもへの運動による脳機能アプローチ	阿部香織
9日			
12：45～13：30	13	都会の中の子どもの家の植物生活	小川かおる
	14	保育者養成校での「モンテッソーリ教育」の在り方を探る	井出麻里子
	15	よりそう大人のコミュニケーションが保育室に平和を築く	百枝義雄
13：45～14：30	16	子どもの「聞く」「話す」に着目して	加賀谷由美子
	17	子どもの生活から考えるモンテッソーリ教育の一般化	田中昌子
	18	大切なわたし・大切なあなた	福原史子
15：00～15：45	19	音楽は生命の教育	生島恵
	20	カナダにおけるモンテッソーリ教育の導入	武谷麻希

第50回全国大会（8月8日～10日）では日本モンテッソーリ協会（学会）会員によるいろいろな研究結果も発表されます。

「聖アンナこどもの家」の卒園生
――母・本人・わが子の三世代

四十年間の歴史的推移

モンテッソーリ教育に関わっている人の多くは、東京都の町田市にある「聖アンナこどもの家」をご存じでしょう。なぜなら、もう四十年もの歴史があるからです。モンテッソーリ園の見学や研修など、「聖アンナこどもの家」は高い評価を受けています。

二〇一九年五月、日本では元号が変わりました。昭和から令和へ。そのあと、「聖アンナこどもの家」も古い園舎（写真1）から新しい園舎（写真2）（町田市白袴2-11-20）へ移りました。今の日本は、高齢者が人口の四人に一人を占めていますが、社会に貢献するという意味で、老人ホームのお隣に新たな園舎が移転しました。

保護者は、新園舎まで遠くなっても、バスを乗り継いで、または自動車を運転して、わが子に「聖アンナこどもの家」の教育を継続して受けさせたいと希望し、子どもは以前のようにやって来ます。その秘密は何なのでしょうか？

（写真1）休園舎

（写真2）新園舎
〈右側の建物が老人ホーム〉

卒園生、三世代にわたって　血肉として吸収

新園舎に引っ越したばかりの時、取材に出かけ、沖津幸代さんとお話をするチャンスがありました。彼女こそは「聖アンナこどもの家」の秘密を体現しているように思えます。沖津幸代さんの二歳四カ月の坊やは、「聖アンナこどもの家」ＩＣクラスに通っています。車で片道四十分かかりますが……。

幸代さん自身、近所のお友達が幼稚園に行き始めた時、彼女も行きたいと言って、「聖アンナこどもの家」へ通うようになり、それがやはり二歳だったと言います。

実は、彼女のお母さんは「聖アンナこどもの家」の見聞から、国際モンテッソーリ教師トレーニングセンターで学生として勉強し始め、幸代さんはお母さんのお猿さんの観察実習で多摩動物園について行ったそうです。

現在は彼女の息子が「聖アンナこどもの家」に通っていますが、このように、沖津ファミリーの三世代は「聖アンナこどもの家」の精神を、自分たちの血肉として吸収していきます。今、自分の子どもを、かつての自分と同じ、遠路になっても通わせているのはどうし

てですか？　また、「聖アンナこどもの家」の教育を受けた自分のことをどう思いますか？　と大変難しい問題を、園舎の端に腰かけながら尋ねてみました。

夫婦で一緒に子育てについて決める

幸代さんは、いつもご夫婦で子育てについて話し合い、一緒に育児をしているそうです。それで彼女は、ご主人の受けた伝統的な教育メソッドをしていた保育園と、彼女自身が受けたモンテッソーリ教育メソッドを導入している、「聖アンナこどもの家」との違いについて話してくださいました。

自分の幼児期が「幸せ」「幸福」だったから

まず、彼女は結婚して赤ちゃんができたら、自分の通った「聖アンナこどもの家」に入れたいとずっと思っていたそうです。

どうしてかと言うと、自分が「幸せ」で「幸福」だったから。わが子にもそのようになってもらいたいから、と。若いお母さんの口から、哲学的・形而上学的な用語、「幸せ」「幸福」の言葉が飛び出て、びっくりしました。

国連の幸福度ランキングを見ると、日本の順位が六十二位（二〇二〇年版）なのは周知のとおりです。彼女が「幸せ」とか「幸福」という用語を使ったので思わず「カトリックの方？」と聞くと、「ノー！」との返事。私は彼女の幸せ、幸福という言葉から、瞬間的にノートルダム・ド・ヴィの研修会「子どもの信仰教育」を想起したのです。「家庭の友」の記事「今、なぜモンテッソーリ教育」、二〇一八年八月号と九月号の三〇頁～三一頁を参考にしてご一読ください。

「幼児期は幸福への第一歩」

さて、幸代さんのご主人が通った幼稚園では、みんなとなんでも一緒にしなければならず、でもご主人はそれに向いてなくて、「嫌だった」とのこと。みんなと一緒に昼寝ができずに起きていると、「どうして言うことが聞けないの！」と叱られて、そして理不尽なことにも叱られて、幼稚園に通うのが嫌だったそうです。それに比べ、幸代さんが通っていた「聖アンナこどもの家」の先生は優しかったし、きっと今でも同じだろうと思いました。息子は小学生になればみんなと同じことをしなければならないのだから、それまでは、なるべく嫌なことは避けてあげたい、と夫婦で考えたそうです。

また自分にはなんだか「根拠のない自信」みたいなものがあって、難しい局面に出合っても、「自分はできる」「頑張ればできる」「大丈夫だ」という確信が常にありました。今でも心の奥深くに残っています。これはたぶん、「聖アンナこどもの家」で育ててもらったのでしょう。幸代さんは小学校に入って、知らない人たちの中で、友達がいなくても、「私にも友達ができる」という思いがあり、そのような気持ちは大人になった今もずっと続いているそうです。

自分で自分の道を自然に決められるのも、ここで受けた教育のおかげかもしれません。このように「聖アンナこどもの家」の秘密を、自分自身の事例を用いながら説明してくださいました。

三つ子の魂、百まで

幼児期に受けた教育は大事で、それは人生における「幸せ」「幸福」へのスタート、第一歩になるのでしょうネ、と幸代さんは最後に言われました。

モンテッソーリ教育を受けたお母さんが、そこまで分かっていらっしゃることに、さらに驚きました。

（写真3）クラスで

（写真4）作品と並んでハッピーな園児

（写真5）新しい園舎で子どもたちと先生

（写真提供：聖アンナこどもの家）

「マリア・モンテッソーリ 子どもの家」

「マリア・モンテッソーリ 子どもの家」の正式名は、「東京国際モンテッソーリ教師トレーニングセンター付属 マリア・モンテッソーリ 子どもの家」（神奈川県相模原市）で、東京の小田急線町田駅の近くにあります。

平成二十六（二〇一四）年四月に開設し、園長は松本静子先生、副園長は後藤洋美先生です（写真1）。隣の敷地にある所長・松本静子先生のセンターの学生である母親たちが、安心して勉強ができるように子どもを預ける施設であり、また地域の子ども支援の一つである相模原市届出保育施設です。定員が三十名で、センターの学生は十名ほどがお母さんで、マリア・モンテッソーリ子どもの家に、その子どもが六名ほど来てい

（写真1）
園長：松本静子先生、副園長：後藤洋美先生

ます。それ以外は、近所のモンテッソーリ教育の評判を聞いて、〇から五歳児が通います。

「マリア・モンテッソーリ 子どもの家」にはクラスが三つあります。
①プライマリースクール
二歳半(三歳)から五歳児
②ＩＣクラス
一歳半から二歳半(三歳)児
③ニドクラス
生後五カ月から一歳半児

「子どもの家」とモンテッソーリ教員養成校（センター）の連携

他の園を訪問しても経験することはまれなのですが、「マリア・モンテッソーリ 子どもの家」では本当に数分だけ玄関の所にいた時、わが子とやってきた保護者のお母さまたちの何人かの方々と、私はほほ笑み合いの無言の挨拶を交わしました。

その方たちは「マリア・モンテッソーリ 子どもの家」の子どもたちの保護者であると同時に、お隣のセンターの学生（昼間生）さんなのです。

彼女たちからは、現在、自立・独立した人間形成への教育メソッドとして世界中で最も広く話題に上がり、普及しているモンテッソーリ教育を習得するという、内に秘めたエネルギー、モンテッソーリ・ディプロマ取得への熱い決意が伝わってきます。

毎年一月に行われる東京国際モンテッソーリ教師トレーニングセンターの入学試験の面接で、その入学式で、授業でと、学生である保護者の方々とは顔見知りだったのです。

このようにモンテッソーリ教師養成校のセンターとの密な連携は、「マリア・モンテッソーリ 子どもの家」の大きな特徴であり、また新しい令和時代のモンテッソーリ教育の特徴の一つになるのではないでしょうか。さらに加えて、令和二年四月から〇歳児の分室もできました。

センターのパーティーにわが子と参加

そう言えば、お勉強ではないセンターでの学生さん主催による静子先生誕生会には、後方に赤ちゃんを抱っこした方が数人おられたことを思い出します。

本当に、センターの隣にあって、モンテッソーリアンを目指す実習園で、またセンターの学生である母親が、安心して子どもを預けられる施設です。昼間生のお母さんたちは、なにかとお隣に足を向けて、わが子を見られるし、さらに他の子どもたちを折に触れて観察もできるので、そこは多彩な学びの場と子育ての心の安らぎになっていると、あるお母さんが証言されました。

ニドとＩＣからレポート

今まで「マリア・モンテッソーリ　子どもの家」は、研修会などで幼児のお仕事をしている現場を見学させてもらっていました。でも、取材と決めて現場に入り、今回出会った赤ちゃんを私は一生忘れないでしょう！

その日、私は少し早めに到着したのでお庭の入り口あたりを幼児とブラブラ散歩したり、遊んだり、室内をかいま見たりした後、正式に玄関を通って入室しました。準備された席に座ると、一人の赤ちゃんがハイハイしてきて私につかまって立ち、ハグしてくれました。それもスマイルで！ そしてハイハイで去りました。自分でやりたいと、手に小さいボールを持って、穴の開いた容器に入れたりと、自然に、手の指を使うお仕事をやっていました。ここでの園生活すべては、モンテッソーリの活動です（写真2、3、4）。

その折々に、椅子と椅子の間から、机と机の間から、赤ちゃんは私にスマイルを送って

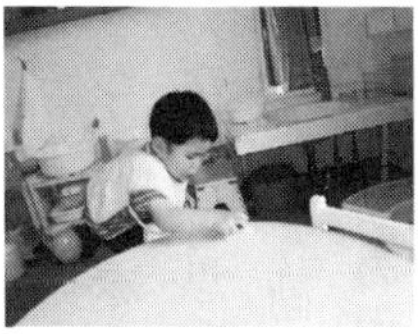
（写真 2）

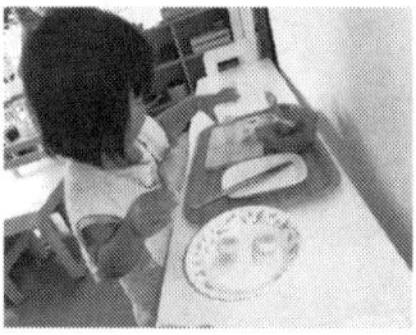
（写真 3）

（写真 4）

（写真 5）

くれました。時々、目が合ったり、ほほ笑み合ったりしました。

ふと気づくと、赤ちゃんはハイハイから、机を伝い歩きしていました。「ああ、伝い歩きもできるんだ！」と思ったら、絵のキャンパスになぐり書きをしていました（写真5）。

絵本を読むよう勧められて、私は大きな声でゆっくり読みました。三、四人が集まってきて、その中にあの赤ちゃんも座っていました。絵本が終わって、赤ちゃんだけが残ると、赤ちゃんはその絵本を手に取って、もう一度読むように促しました。

読んでいたら、別の子どもがやってきて、その本を取り上げようとすると、赤ちゃんは口をギュッと結び、目には鉄のような強さを放ち、絶対に取られませんでした。泣かずに！　まだ喃語《なんご》の世界。他の子をぶったりや、意地悪もしません。でも、何かあったら、しっかりと自分を守ります。どんなふうに育ったのかしら？　平和と調和で均衡のとれた赤ちゃんの心！　お母さんはセンターの昼間生だそうです。

後藤先生のモンテッソーリ秘伝

後藤洋美先生は、一斉保育とモンテッソーリ教育を取り入れた園にいた経験があります。その後、モンテッソーリの三～六歳児クラスと、〇～三歳児クラスのモンテッソーリ・ディプロマを取得しておられます。

子どもを集めて、子どもを動かそうとするのではなく、ちゃんと子どもの顔を見て、子どもの動きに寄り添って、子どもの必要な時に、必要な分のお手伝いをします。清水亜紀先生や米山元子先生も同じです。

例えば、「手を洗いますよ」「おしっこネ」と言葉で説明してから、「行く」という行動です。黙って、抱っこしたりとか、おまるに座らせたりしません。それは、子どもに畏敬の念、精神、霊に触れる思いをお持ちだからでしょう。モンテッソー教育の秘伝です。

「マリア子どもの家」は三～五歳児クラスもありますが、ニドとＩＣの取材だけで、時間があまりにも早く過ぎてしまいました。ニドとＩＣの印象はそれほど強烈でした。

東京の里山近くからモンテッソーリの発信

三十年間の歴史的推移――第二世代へ継続

西は山々に囲まれ、とても自然に恵まれた里山に近い東京都のあきる野市で、すてきな体験をしました。三十年以上も前のことです。一九九一年七月に開催された第二十一回モンテッソーリ奈良世界大会の準備会議に出席しておられた今野和代先生は、昭島に小さなモンテッソーリこどもの家を開設しておられると聞いていました。

それが現在、息子さん、今野 徹先生（写真1）の時代。あきる野市秋川三―七―九に移設し、「あきる野こどもの家」へと

（写真1）今野 徹 園長先生

社会福祉法人化し、園舎は新築し、立川市の保育園の民営化も受託し、乳幼児のためにモンテッソーリ教育を実践する保育施設で、地域に根づいた子育て支援活動に貢献しています。

その上、二〇二〇年度からコースを開設できる建物も今、敷地のお隣に建築中です。子どもだけではなく大人も、大勢の人が集まっていろいろなことができるようにという思いと、全国へ、世界へ発信できるという願いを込めて新しい建物を建てました。

建物の名称はCasa dei Bambini「あきる野子どもの家」に対して、Casa di tutti「あきる野みんなの家」です。その先駆けとして二〇一九年の文化の日にオーストラリアのシドニーからサラ・ブレイディ（Sara Brady）先生（写真2）が来日し、「誕生から三年間の育ちの援助」、子どもの生命のすばらしさについて話されました。通訳は深津高子先生でした。

（写真2）サラ先生

生命の学びのすばらしさ

モンテッソーリ教育を学ぶのに、モンテッソーリ教員養成コースで勉強するのも一つの方法です。コースが終了すると、ディプロマを取得できます。ディプロマは一枚の紙ですが、そこには、モンテッソーリ教育による環境構成、環の維持、理論、実践理論、アルバム作成、見学実習、実習、観察、いろいろな体験が組み込まれています。しかし、いちばんすごいのはモンテッソーリ教育について学ぶと、人が変わる、変容するということです。

子どもは？――空っぽのつぼ ↓ 球根の生命

今でも教育界では、子どもについて古い、伝統的な考え方をしている人は多いです。つまり、イギリスの哲学者ジョン・ロック（写真3）の説で、子どもは空っぽのつぼのような存在で、私たちはその空のつぼにいろいろ入れなければならない。だから教師、大人はたくさんのことを教え、そしてしつけをしなければならないのだ、という考え方です。

しかし、モンテッソーリが医師として実証科学的な目で子どもを診察・観察すると、子どもは、つぼではなく、球根のような生命を秘めていました。彼女は子どもについての考え方が変わりました。私たちもモンテッソーリ教育を学ぶと、子どもに関する考え方が変化しました。このプロセスは、マジック的で、不思議で、神秘的です。モンテッソーリはその時、新しい子どもに「あなたは一体誰ですか?」と問うたほどです。

(写真3) ジョン・ロック
(John Lock, 1632-1704)

無限の可能性を秘めた子ども

子どもは決しては空っぽのつぼではありません。子どもは、母親が生命を宿した瞬間から、無限の可能性を持っています。

子どもの中には自発的に学ぶ力、自己学習への可能性、能力、力が内在します。内なる、自ら学ぶ力があるというのが本来の子どもの姿です。

誕生から六歳までの子どもは自己構築中、まさに自己を形成している時期です。最初は無意識に、次第に意識的に。そして特に、愛され、保護されるのに鋭敏で敏感期です。「愛されている」「愛し愛される」自己肯定感(注1)は、生涯継続する生きる力です。

したがって、私たち大人は子どもによりそって、私たちの支援を必要とした時、直ちに子どもを尊重し、子どもによりそい、反応しなければなりません。

心と身体が一つに統一された人間形成

それで、モンテッソーリは人間は心身ともに一つに統一されて形成されなければならない、と百年以上も前に強く主張しました。しかし恥ずかしいことに、現在も心・精神と身体は統一されず、分離しています。わが国だけでなく世界中のどこでも目にする光景は、片手にスマホを持って熱中している人の姿です。スマホの向こう側が大事なんだ！　そういうメッセージを毎日毎日得てしまうのは、自己肯定感、自己構築中にいる子どもにとっては、よくない影響を与えるでしょう。〇歳児までも、アイパッドをスルースルーしています！

子どもの中に内なる力、成長したい、自分で学べるという可能性があることを信じ、球根が芽を出し、花を咲かせるように環境を準備すること。それはモンテッソーリ教育を知った私たちの役割です。

(注1) 自己肯定感とは自分を積極的に評価し、幸せに感じること。
(注2) 次ページの写真6のトッポンチーノとは、古代イタリア語「いる場所」という意味。新生児をいつも同じ感覚的体感で寝かせると、安心感が育まれます。

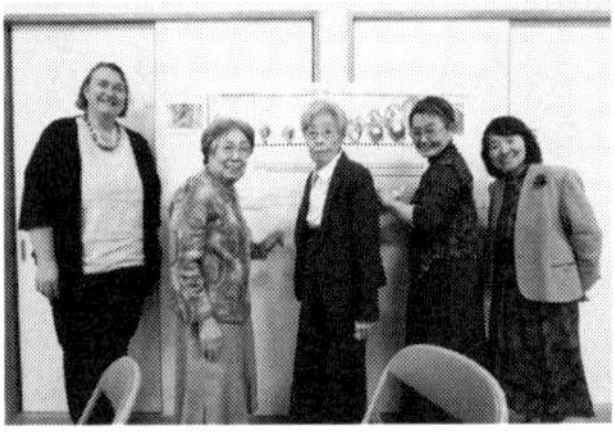

（写真4）会場で準備中

（写真5）教材の説明

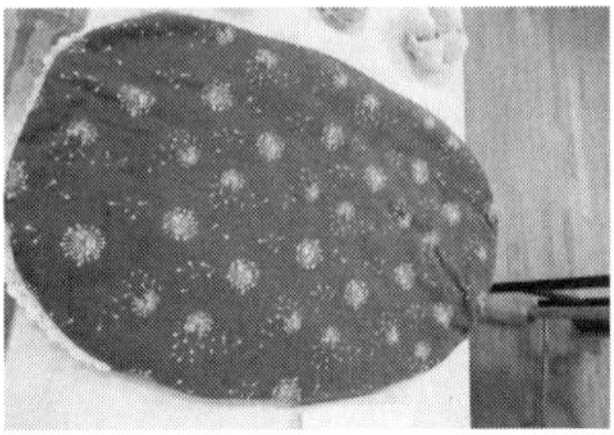

（写真6）トッポンチーノ（注2）

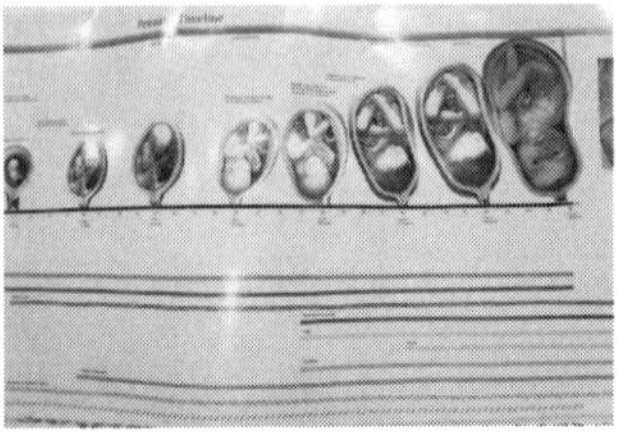

（写真7）生命の表

「鈴蘭幼稚園」

社会的な力を吸収

ちょうど「鈴蘭幼稚園」の職員室にいる時、ドアをノックし、「おはようございます」と幼児が入ってきました。そして、出る時には、なんと「失礼いたしました」と言ったのです。とても驚きました。幼児が「失礼いたしました」と言って、部屋から出ていったのを見たのは、初めてです。

（写真1）園長の田中輝幸先生

他園とどこが違うか

「鈴蘭幼稚園」が他園とどこが違うかと言うと、群馬医療福祉大学付属の認定こども園なので、いろいろな視点から社会福祉や、保育や介護・リハビリ、看護、専門学校の教員と密接な連携があって、大学の職員は保育・幼児教育、子どもの発達について幼稚園をサポートします。

「鈴蘭幼稚園」はJR新前橋駅近くに位置します。正式には「群馬医療福祉大学附属認定こども鈴蘭幼稚園」です。園長先生は、ご自身も二人のお子さんを子育て中の、大学の社会福祉学部に所属する准教授・田中輝幸先生（写真1）で、彼は「遊び歌作家」としても公演活動をしておられます。

幼児は剣道（写真2）や論語や英語やキッズダンス、モンテッソーリ教育（写真3）など、大学の教員からも教わります。モンテッソーリ教育については、元園長が高く評価されていて、以前から部分的に備えられてありました。

学生さんも将来、保育や教育、福祉、看護、リハビリなどの専門職を目指すモチベーションが高く、ボランティアとか実習とかで、いつも協力（写真5）し合っています。こうした社会と連携した教育的環境の中で、幼児は「失礼いたしました」という言葉を無意識的に吸収し、自分の血肉にしたのでしょう。

前橋の「鈴蘭幼稚園」の特徴は、大学の教員や学生との深い交流が特徴として挙げられます。

地域に開かれた子育て支援「プレすずらん」

群馬県は、日本で車が一番普及している県だそうです。車を運転しない人は人間ではない、とタクシーに乗った時、運転手さんが言っていました。学生さんも車で登校します。つまり、どこにでも駐車場があり、鈴蘭幼稚園にも駐車場があります。

（写真2）長津一博先生から剣道を教わる。

（写真3）モンテッソーリ教具の教育的環境の中で、子どもは容易に集中現象を起こす
—「円柱さし」は大好きなお仕事—

取材のため、鈴蘭幼稚園に約束の三十分前に到着し、駐車場付近をブラブラしていると、一台の車のドアが開いていて、歩けるけど、まだ、おむつをしている幼児が見えました。

その日は、ちょうど鈴蘭幼稚園の「地域に開かれた子育て支援」として、「プレすずらん」開催日です。幼児とお母さんもずいぶん前から来て、始まる時間を待っていたのでした。

「プレすずらん」は、もみの木やヤシの木などの木々で、緑の葉っぱに覆われた園庭を、地域に開かれた子育て支援に開放します。園庭で自由に遊んだり、ミニコンサートや夏まつりなど、毎月のように催しものがあり、子育て中の地域の親と結びついています。

その日、「プレすずらん」に十七組ほどの幼児とお母さんが参加されました。お母さんだけでなく、イクメン・パパも。

緑の樹木を背景に、お砂場、ブランコ、おすべり台や鉄棒も、仮面ライダーの立像の所も、新しいお友達が喜んで走っていました。

「プレすずらん」には一歳半から二歳半の、幼稚園に入る前の親子が来られます。幼児は一人遊びの年齢なので、初めは一人でお砂場でしゃがみ、それからだんだんと園庭の真ん中の方へ出て来て、先生やお母さんを相手にボールを蹴っていました。

親も、何気なく園長先生や先生と一言、二言と言葉を交わし、子育てアドバイスをしてもらっていました。お母さん同士も情報交換し、新しいママ友になります。一時間半はあっという間に過ぎて、みんなで遊具をお片付けします。それから園庭の座れる場所にお座りして、園長先生から絵本を読んでもらい、ギターで歌を歌って、後ろ髪を引かれる思いで「さよなら」！　来月まで、次を楽しみにして!!

伝統的な教育・保育施設に新しい教育力を

群馬県はモンテッソーリ教育が地味です。しかし、令和元（二〇一九）年の新学期、群馬医療福祉大学大学院では、アムステルダムに本部があるマリア・モンテッソーリ自身が創設した国際モンテッソーリ協会発行の〇～三歳児コース、三～五歳児コース、六～十二歳のモンテッソーリ小学校のディプロマ取得者の鎌田文さんが修士を取得中で、実践はとても活発です。彼女は高崎市で「Ｓｔ・ボスコこどものいえ」を自分で経営しています。

ホームページは次のとおりです。

www.casa-di-bambini.com/

「鈴蘭幼稚園」

富岡製糸工場で知られているように、群馬県の女性はしっかりしていて、強いです。群馬県から首相が三人も輩出しています。

モンテッソーリ教育は、群馬の伝統的な教育・保育施設で、有望な新しい教育力になって、次世代へ芽を出しています。

（写真4）教育実習やボランティア活動で学生さんはいつも一緒に

（写真5）地域に開かれた子育て支援「プレすずらん」

（写真提供：鈴蘭幼稚園）

「そらのいえ保育園」

東京都大田区のモンテッソーリ教育

東洋の宝石と言われる東京にはモンテッソーリ教育の宝物がいくつも輝いています。そこに「そらのいえ保育園」があります。園長先生は三浦直樹さんです。

おや、聞いた名前だな！と思われるモンテッソーリアンもおられるでしょう。なぜなら、彼は日本モンテッソーリ協会（学会）創立五十周年の全国大会が開催された時の事務局長でした。そして日本国内だけではなく、オランダやドイツの世界のモンテッソーリアンと連絡を取り合った経験豊かなモンテッソーリ・ディプロマ所有者で、これからの日本のモンテッソーリ教育界の若手ホープなのです。

わかば園

「そらのいえ保育園」は、東海林和子先生によって五十年も前に創立された「わかば園」が前身で、それはロジャースの「来談者中心療法」の考え方を基礎とした「人間的な生き方」を目指す三歳から十五歳までの子どもたちへの心理支援の個人塾が原点です。

そこから、九年前、乳児から一貫した教育方針で育つ子どもへとの思いから、モンテッソーリ教育による認可保育所「そらのいえ保育園」（定員八十四人）が開設されました。園長先生ばかりでなく、他の先生もモンテッソーリ教育のディプロマ所有者です。保育園のお隣には、小児科医院やキッズ歯医者さん、大森中学校など、地域社会に大きく貢献しています。

さらに現在、都営浅草線「西馬込駅」徒歩七分にある南馬込保育園（公立園）の民営化による民立民営を委ねられ、二〇二〇年四月開園、移管準備中です。

（写真１）「そらのいえ保育園」イラスト

「さいごまでやってもらいたい？」

「そらのいえ保育園」のクラスはモンテッソーリの園で、一歳児と二歳児、三歳児と四歳児と五歳児の異年齢クラス編成です。私が「そらのいえ保育園」へ行った時、卒園式があったばかりで、新しい年少さん（二歳児）が幼児クラスで生活していました。

そこで二歳児さんは、木製のはめ込みパズルをしていました。しかし、なかなかうまくいきません。何回も、何回もやっても、ちゃんとおさまってくれません。二歳児さんの顔がだんだんとゆがんできて、泣きそうな顔になりました。塗り絵をしていた四歳児さんがそれに気づき、「こうしたらいいんだよ！」と、手を伸ばして、正しく入れ直してくれました。

二歳児さんの顔に平和でやさしい雰囲気がもどった時、四歳児さんは「さいごまでやってもらいたい？」とゆっくり、はっきりと、目を見ながら尋ねました。二歳児さんが「ウン」とう

（写真2）「そらのいえ保育園」正面から

なずくと、四歳児さんは最後までやって見せました。

次に、二歳児さんが全部とり出して最初からやり始めました。ぜんぶ正しく、一人で最後まではめ込めました。

この場面を偶然に観察できたこと、それは私に大きな感動を与えました。そう、四歳児さんはモンテッソーリ教育の先生のようではありませんか。

あたかも先生が幼児に提供、提示しているみたい。四歳児さんはモンテッソーリ教育の精神をすでに自分の血、自分の肉としていました。そして受肉したことをその場面に出会った時に、ちゃんと出したのです。

私が四歳児さんの言葉がけにびっくりし感動していると、もっと驚いたことが目の前で展開されました。

二歳児さんが自ら活動を終え、立ち上がって、椅子を両手で机の下に入れ、それから木製のはめ込みパズルをもと置いてあった棚に、平和な顔でお片付けをしたのです。

誰も何も言わなかったのに、それも二歳児さんが！

もし、保護者がこの場面を見たら、涙を流して先生方に感謝したことでしょう。

子ども同士で育ち合う

あとでこの二歳児さんと四歳児さんとの関わり合いの場面について、三浦園長先生や溝脇しのぶ先生に話しました。実は、この四歳児さんはクラスでは幼くて、先生によくしがみついて、脚からなかなか離れなかったそうですが、こんなに大きく育った、と感慨深そうでした。

この園でのモンテッソーリ教育による異年齢クラスでの子ども同士の出会いは、上の子どもが下の子どもに教えただけではなく、上の子どもも下の子どもと同じく、大きく成長しました。子ども同士で育ち合う。これは神様が創造なさったコスミックの不思議な秘密。人間にとって発達の自然法の一つ。モンテッソーリはここに注目しました。

興味・共感をもつ仲間へ

子ども一人ひとりを大切にして、子どもと関わることで保護者も、職員も、世界もみんなが成長できる環境を創りたいという、その思いに共感・興味をもたれる方、仲間を増やしたいと思われた方は、どうぞご連絡ください。
現在新園開設に向けて新しい仲間を募集中とのことです。

〈問い合わせ先〉園長：三浦直樹
電話：０３－３７６４－０２２１
メール：info@soranoie.jp
〒１４３－００１４
東京都大田区大森中１丁目14番１号
＊遠方の方も、月八万二千円の住宅援助があります。大歓迎！

「そらのいえ保育園」

（写真 4）色水

（写真 3）縦割り

（写真 6）お仕事

（写真 5）赤い棒

（写真 7）園庭

（写真提供：そらのいえ保育園）

「レジナ幼稚園」

江戸川区小岩のモンテッソーリ幼稚園

「レジナ幼稚園」は東京教区のカトリック幼稚園で、総武線の小岩駅北口から歩いて七分ほどで行けます。小岩カトリック教会の道路標識には、「レジナ幼稚園」の名前も表示されています（写真1）。レジナとは、ラテン語で「女王」（マリア様の敬称）を意味します。長井美智子園長先生は、カトリックの在俗会会員です。

私がレジナ幼稚園の名前を最初に知ったのは、上智大学のＳＪハウスの受付で働いておられる羅修子《らのぶこ》さんからでした。かつて、日本モンテッソーリ協会の事務所は上智会館の六階にあり、会長のクラウス・ルーメル神父様はＳＪハウスにおられ、事務局

（写真1）

長の松本良子先生が、お仕事の連絡でいつも羅さんと会っていらっしゃいました。羅さんは松本先生との会話から、長年、モンテッソーリ教育を実践していたレジナ幼稚園を、姪の理《り》路《の》ちゃんのために勧められました。私が現在「日本モンテッソーリ協会」の機関誌「モンテッソーリ教育」編集の仕事上、ヨーゼフ・フランツ・モール神父様を訪問すると、受付の羅さんは、モール神父様が受付に出て来られる間、いつもレジナ幼稚園について話されていました。

羅さんの感動

第一の感動：羅さんが、松本良子先生からモンテッソーリの話を聞いて、レジナ幼稚園に見学に行った時、羅さんの目の前で幼児がけんかを始めて、その時、背の高い大人が小さい幼児の目線にしゃがんで、二人とも一緒に抱きかかえるようにして対応され、その様子にとても感動されたそうです。

第二の感動：レジナ幼稚園では、幼児たちはお弁当を持っていきます。しかし、災害があった時は、おにぎりだけのお弁当になります。それは、おかず代を災害で困っている人たちに寄付するためです。ある時、チリで大地震が発生したとテレビで報道されると、理路ちゃんは「チリのためにおにぎりにして、おかず代を寄付しよう！」とお母さんに提案したそうです。

第三の感動：三歳の理路ちゃんが幼稚園へ通い始めた頃、「行くのはいやだ」と言った時もあったそうです。その当時、聖イグナチオ教会の主任司祭だったドメニコ・ヴィタリ神父様に相談したら、神父様が植物のハーブを持ってきて理路ちゃんに、「これを園長先生に渡してくれませんか？」と頼んだそうです。すると理路ちゃんは、「ヴィタリ神父様から頼まれたから」と、再び幼稚園に通い始め、卒園の時には幼稚園が大好きになったそうです。

このように理路ちゃんの幸せなレジナ幼稚園の生活（写真2）は、周囲のすべての方々のおかげだと、羅さんはSJハウスの受付で言われました。その後、理路さんの特徴を尋ねると、「自分がぶれないことだ」とのこと。これはレジナ幼稚園で、モンテッソーリ教育を受けたからでしょう。

パリミッション会

「レジナ幼稚園」

二〇一九年四月上旬、私はレジナ幼稚園へ行きました。お庭の手前側が幼稚園で、向かい側が教会。私たちといつも一緒にいて、守ってくださる神様が、日常生活を通して伝わってくるみたいです（写真3）。年長児さんは、毎週聖堂で、長井美智子園長先生から神様のなさったこと、社会の出来事などのお話を聞き、自分を見直すそうです。

東京大司教区レジナ幼稚園にモンテッソーリ教育を導入されたのは、パリミッション会の神父様で、当時から今もレジナ幼稚園のお庭にあるお手製の遊具で、子どもたちは夢中になって遊んでいます（写真4）。すべり台や砂場、ブランコといった定番以外の遊具に、保護者たちも熱いまなざしを向けているとのこと。

モンテッソーリ教育とキリスト教

一九五三年、私が聖イグナチオ教会で高校生の研究会で教理を勉強し、受洗した頃に設立された小岩カトリック教会と同じ敷地内にあるレジナ幼稚園に、私は親近感を覚えました。

その半世紀以上の古い伝統と、長いモンテッソーリ教育の歴史から、長井園長先生は、人間が自然の発達法則に従って成長し、モンテッソーリ教育は人間の「生命へ援助」（Aid to Life）をしているのだと話されます。

子どもは自由意志を持ち、各自がやりたいものを選び、活動し（写真5）、自分の個性に花を咲かせます。モンテッソーリの教具（写真6）は生命を育む媒介であって、そこで一人ひとりが自分の意志で物事を考え、判断しながら、自らを成長させ、生きることを実践しています。

これはまた、キリスト教の精神とも一致しています。人間の一人ひとりが神様から愛と保護のうちにこの上なく大切にされ、人間が星の中で生活するのに整えられた最高の地球において、自分で考え、判断し、行動しながら生きています。

このように、小岩カトリック教会付属レジナ幼稚園が実践しているモンテッソーリ教育とキリスト教が調和した教育法は、コインの表裏のようです。

「レジナ幼稚園」

（写真 2）

（写真 3）

（写真 4）

（写真 5）

（写真 6）

（写真提供：レジナ幼稚園）

親育ち

群馬の「すぎの子幼稚園」

私の勤務している大学が群馬県にあり、「私学ぐんま」を読みました。そこに載っている認定こども園「すぎの子幼稚園」の園長知久賢治先生のエッセー「親育ち」に、二十一世紀の今、働き方が多様化された社会に生きる私たちの子育てに求められている喫緊の課題を感じました。

子どもはいつも興味や関心に満ちあふれていて、共に過ごす毎日は、アクティブで活力のみなぎる日々です。本当に、大人は子どもから生きる力をいつももらっているかのようです。

私たちの周りの社会において理由はともあれ、早くから幼稚園や保育園に、小さい子どもを預ける時代になっています。これは、せっかくの「親育ち」の機会がなにか失われているようではありませんか。「親育ち」のチャンスが奪われているようでしかたありません、と。

そんな思いをお持ちの「すぎの子幼稚園」の園長先生は、保護者の方々がわが子を預けっ放しにしないように、親が自分の子どもの育ち、つまり子どもの幼稚園での活動に少しでも多く関われるようにいろいろな工夫をしておられます。その一つに「保育参加」を行っているそうです。

これは「保育参観」ではありません。実際の「保育参加」です。「すぎの子幼稚園」は、もう十五年間これを継続して行っています。

「保育参加」は一年間の中で、子ども一人に対して、必ず一回以上、必ず実際に保育に参加する制度です。子どもと同伴登園後に、園長先生と二十分ほどの面談をして、そのあとクラス活動に参加するのです。参観でなく、本当に参加するのです。給食も試食します。

降園時には、担任の先生と面談をしてから帰ります。保護者の方がお勤めをされていても必ずします。

今では父親のリピーターも増えていて、中には祖父母の参加もあるそうです。

参加後の後日、感想文の提出があります。

時には幼稚園の環境や、その指導内容についてダメ出しをいただくこともあるそうです。

全ての親がこの制度を楽しみに参加していて、わが子の育ちを改めて確認する良い機会と賛同されているそうです。

同時に、担任の先生にとっても、親との信頼関係を深めるとても貴重で大切な機会として、受け止められているそうです。

なんてすばらしい「親育ち」のチャンスでしょう。

「親育ち」の機会は、神奈川県相模原市の「マリア・モンテッソーリ子どもの家」でも実践されています。「マリア・モンテッソーリ子どもの家」では、園児のお誕生日に保護者の方も、一日の保育に参加されます。

「マリア・モンテッソーリ子どもの家」

一九六〇年代初めに、わが国にモンテッソーリ教育のリバイバルが起こって半世紀以上が過ぎました。相模原市のこの「子どもの家」は、六年前に設立された新しい施設です。しかし、施設は新しいけれども、モンテッソーリ教育の歴史では伝統的なのです。と言うのも、三世代の「モンテッソーリの子ども」が通っているからです。

「モンテッソーリの子ども」――平和へ第一歩

私のモンテッソーリの三〜六歳のディプロマ取得コースの同期生である八王子の至誠保育園の高橋紘先生のご子息は、「モンテッソーリの子ども」です。大人になると、自身イタリアのベルガモでモンテッソーリの小学校のディプロマも取得されました。そして現在、彼のご子息、つまり紘先生のお孫さん（「モンテッソーリの子ども」三世）が、ここまで通っているのです。

「マリア・モンテッソーリ子どもの家」は創立六年目で、一番大きい子どもは四歳児で、お孫さんのこうへいちゃんも四歳（当時）です。

さて、クリスマス会をすることが決まりましたが、それまでのお兄ちゃんやお姉ちゃんが聖劇をするのを見たことがありません。そもそも劇をするのを見たことさえありません。したがって、椅子を舞台の正面に運んで、そこでやりました。配役は自分で希望した自己決定とのこと。

「モンテッソーリの子ども」三世のこうへいちゃんは最初、博士の役を希望しました。博士の役は四人の子どもたちが望みました。そしたら、こうへいちゃんが、「ボク、宿屋の主人でもいいよ。せりふもちゃんと知っているから大丈夫」と言ったそうです。配役の問題はこうして平和的に解決しました。私には分からなかったのですが、宿屋の主人のせりふに、正しくすてきなアドリブが加わっていた、と担任の先生が話しておられました。

平和に生きる第一歩ですネ。

「マリア・モンテッソーリ子どもの家」
プライマリークラス
聖劇「クリスマスのおはなし」

IC（インファントコミュニティー）・ニド
「あしぶみタンタン」
「あわてんぼうのサンタクロース」

プライマリークラスの合唱・手話
「ジングルベル」「サンタが町にやってくる」

姉妹園「聖アンナこどもの家」の古谷麻子先生のお嬢さんも「モンテッソーリの子ども」で、モンテッソーリ園の先生になるため、現在準備中

「世田谷聖母幼稚園」
――モンテッソーリとカトリックの調和と均衡のとれた全人教育

朝のご挨拶――生きる社会生活のスタート

その日、約束の時間より早く着いたので、「世田谷聖母幼稚園」周辺をぶらぶらと歩いてみました。幼稚園は、上品で、静かで、落ち着いた家々が立ち並ぶ住宅街の中にあります。右から左からと、お母さんたちが自転車の後部座席に子どもを乗せて走って来ます。

幼稚園にわが子を送った後、お母さんたちはすれ違うと、お互いに「おはようございます！」と挨拶し合います。幼稚園の正門（写真1）の向こう側では、高橋興子園長先生が園舎と園舎の間に立って、皆さんにご挨拶をしておられます。

（写真1）世田谷聖母幼稚園の正門

「世田谷聖母幼稚園」……

九時二十五分に正門が閉じられると、玄関前で立ち話をしていたお母さんたちが、横の小さい出入り口から自転車を押して出てこられました。私もそこから入ろうとすると、一人のお母さんが「おはようございます」とご挨拶をして、格子の門を開けてくれました。世田谷聖母幼稚園のお母さんは、先生方にご挨拶するだけではなく、お母さん同士で、また来客にも、自然に朝のご挨拶をされるというのが、私の第一印象でした。朝のご挨拶についてはその後、どの教室においても、子どもたちの「おはようございます」が続きました。そして、園内を案内してくださった原麻紀子先生には、「おはようございます。まきこ先生！」とご挨拶します。教室内の水槽のカメさんまでも、私たちが近づくとガラス壁につかまって直立し、あたかも「おはようございます。これから竜宮城へ連れて行ってあげるよ！」と言っているように、泡を出して口を動かしていました。

私が廊下ですれ違う子どもとぶつかりそうになって「ごめんなさい」と謝ったら、「だいじょうぶです！」と言ってくれました。ここでは、黙っているのではなく、みんなが言葉を持ち、人間集団として社会で、考えて言葉で表現し合うという論理性と温かさを感じました。社会生活の大切なスタートを見た思いでした。

モンテッソーリ教育の老舗、現在もさらに進化中

「世田谷聖母幼稚園」は、一九四九年に開設し、モンテッソーリ教育を一九七一年から導入しています。日本でモンテッソーリ教育がリバイバルされ、イエズス会の上智大学において一九六八年に日本モンテッソーリ協会が創立され、一九七〇年にわが国最初のモンテッソーリ教員養成コースが開設した歩みを共にしていることが分かります。モンテッソーリ教育の老舗です。

これは世田谷聖母幼稚園の本部が、カナダのモントリオール市にあって無原罪聖母宣教女会が経営母体なので、グローバルで、普遍的な人間観・世界観の全人教育を基底にしているからでしょう。

（写真２）「できた！」
「こんどは手伝って上げるよ」

二歳児クラス「たんぽぽ組」

三歳児、四歳児、五歳児の異年齢クラス編成が八つの幼児クラスがあり、二歳児クラスの「たんぽぽ組」も地域社会の保育に貢献しています。

幼児クラスの子どもと同じように、「たんぽぽ組」の小さい子も、自分のお部屋に慣れると、「やりたいお仕事」を自ら選んで、活動し始めるのを観察できるのは感動的な瞬間です。さらに、「じぶんでできた！」という気持ちを表情で見せるのも、びっくりさせられ、さらに感動します（写真2）。

お部屋には、二歳児用の手先を使う教具・教材が、「さわってね」と語りかけます（写真3、4、5）。そのような中でとても人気があるのが、片手でぐるぐる回し、小さい紙をさらに小さくちぎる手動式シュレッダーでした。写真は撮れませんでしたが、私がそこにいる間、いつも誰かが順番を待っ

（写真3）モンテッソーリ教具は進化中

ていました。おむつをした幼児たちが、「これをやりたい！」とはっきり声に出して言い、静かに並んで、順番を待っている光景を想像できますか？　全く大人と同じです。

シュレッダーのお仕事では、最後に、それぞれの子どもが細かくちぎった紙を小さな袋に入れ、お片付けして、次のお友達に席を譲っていました。

こうして自分が生活している環境の中で、やりたい活動を自由に選んで、楽しく夢中になり、集中して、自己肯定感の核を育みます。最後までやり遂げ、「自分でできた！」と達成感・満足感で満ち足りた表情で、その場を立ち去る姿を目の当たりにして、モンテッソーリの発見、「集中現象」は、二歳児でも起こり、こうして人格の育つ第一歩をスタートさせていることが分かります。これは現場からの示唆に富む実践報告です（写真6）。

（写真4）手先を使う教具

（写真5）手先を使う教具

アトリウム（宗教教育）

マリア・モンテッソーリは、宗教を言語と同様、人間の二大特性と考え、宗教教育を行う教室を特別に「アトリウム」と名付けました。「宗教コーナー」（写真7）以外には、わが国ではまだ数少ないアトリウムですが、世田谷聖母幼稚園にはあります。中川明美先生が中心になって、年中さんと年長さんが自由に選んで活動できるほど、宗教教育の教具・教材も充実しています。

私たちは言葉を話せるようになっていくように、内的に語りかけてきて、そして耳を傾けてみると内的な声が聞こえます。世田谷聖母幼稚園で子どもたちは、私たちのいのちは神様からのプレゼントであること、一人ひとりが神様から愛されたかけがえのない存在であることを知り、毎日の生活を過ごしています（写真8）。

子どもたちは、清く、明るく、強く、調和と均衡のとれた全人教育への発達を目指し、卒園生のための宗教教育の「デリア会」もあり、中学や高校生になっても世田谷聖母幼稚園にボランティアとして諸活動に参加してくるそうです。

（写真 6）園庭にある聖母像の前で

（写真 7）宗教コーナーで

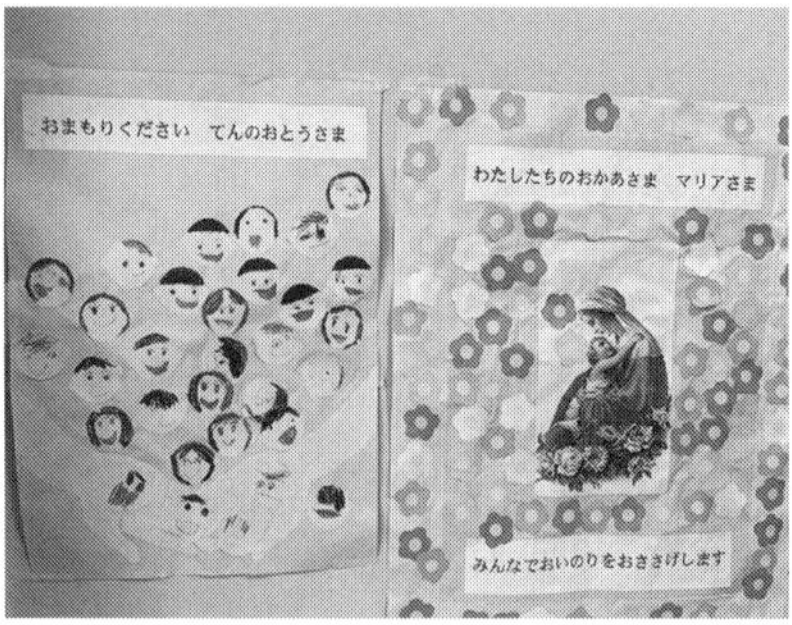

（写真 8）「おまもりください、てんのおとうさま」

（写真提供：世田谷聖母幼稚園）

3 インクルーシブ教育

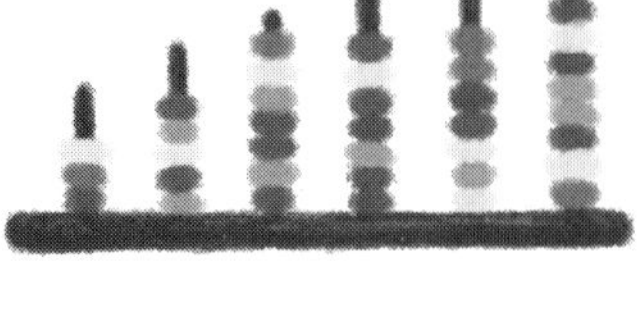

発達障害とモンテッソーリ教育

発達障害、学習障害、自閉症、注意欠陥多動性障害、情緒障害、言語障害、難聴・弱視・肢体不自由および病弱・身体虚弱など、周りにいる気になる子どもと共に、どのように私たちはお互いによりそっていけるのでしょうか。

発達障害の特徴のある子どもは、とても個性が強く、なかなか周りの環境と折り合いをつけるのが困難なようです。このような子どもや保護者が日常の日々を安心して生活できるよう、モンテッソーリ教育は、その自立支援について多様なアドバイスをしています。

二〇一七年十一月二十四日〜二十五日、ドイツのミュンヘン大学付属病院で「発達障害とモンテッソーリ教育」についてシンポジウムが開催されました。

主催者はヘルブルッゲ教授（Theodor Hellbrügge, 1919–2014）の財団「アクチオン・ゾネンシャイン」です。彼はドイツの小児科の医師で、ミュンヘン大学の教授でした。モンテッソーリ教育に深い洞察をもち、マリア・モンテッソーリの息子マリオ氏と親しく、一九七七年夏、国際モンテッソーリ世界大会をミュンヘンで開催しています。

ヘルブルッゲ教授は上智大学から名誉博士号を授与され、日本にも三回来られて、いろいろな所で講演を行い、日本で最初のモンテッソーリ園「うめだ子供の家」の設立者ペトロ・ハイドリッヒ神父とも親交を重ねられました。

「うめだ子供の家」の姉妹施設である「あけぼの学園」は、ヘルブルッゲ教授の、「アクチオン・ゾネンシャイン」から多大なアドバイスを得て、発達障害乳幼児などの早期発見や早期支援を目指し、一九七七年に設立されました。

ドイツからモンテッソーリ・レポート

「アクチオン・ゾネンシャイン」のインクルーシブ教育のシンポジウムを中心にして、その前後に、「アクチオン・ゾネンシャイン」系列下のモンテッソーリ・スクールを見学してきました。

「アクチオン・ゾネンシャイン」は、発達障害の早期発見・早期治療をプログラム内容にしたモンテッソーリ法治療教育士の国際教員養成コースを開いてます。私はそのコース同窓会に参加し、研修にも加わって、モンテッソーリ教育とインクルーシブ教育の分かち合いをしました。今回、このコースのディプロマ取得者、佐々木信一郎先生（「こじかこどもの家」発達支援センター園長）や、金子恒一先生（「富坂子どもの家」施設長）や、勝間田万喜先生（モンテッソーリ法治療教育士）や、西山智春先生（群馬医療福祉大学教授）が参加なさいました。

旧東ドイツ・エアフルト
――モンテッソーリ教育法とインクルーシブ教育

旧東ドイツのエアフルトと言えば、マルチン・ルターが修道士だった聖アウグスティヌス修道院があることで有名ですが、このエアフルトには、現在すばらしいモンテッソーリ・スクールがあります。

「アクチオン・ゾネンシャイン」系列下で、インクルーシブ教育を導入しているモンテッソーリ・スクールです。ベルリンの壁崩壊後の一九九四年に設置され、住所は Radscheune Haarbergstrasse19 D-99097 Erfurt / Melchendorf です。

ミュラー校長先生が校内を見せてくださいました。教室内での見学も撮影を許可し、子どもの顔が写っていてもよいとご許可くださいました。私の見学したクラスは六歳から十歳までの二十二人で、三人の障がい児がいました。三人の先生でした。ちなみに全校では一五〇人の生徒数、六クラス。私たちは朝八時十分には学校に到着し、短い説明後、すぐクラスに入りました。

A. ミュラー（Arwed Müller）校長先生

子どもたちは教室に入ってくると、各自が自分の勉強を始めていました。一時間ほど見学し、教師間の意見交換後、ノーアにあるもう一つのモンテッソーリ・スクールへ移りました。もちろん、エアフルトのこの二校はインクルーシブ教育を含むモンテッソーリ・スクールです。

さて、読者の皆さまは、幼稚園や保育園の先生になるには教職課程を履修しなければならないことはご存じです。教職課程では教育原理が必修科目です。そこで学校制度について学びます。――学校制度では、単線型と複線型があることを――。日本の学校制度は単線型です

しかし、ドイツの学校制度は複線型です。ドイツでは子どもはみんな六歳～十歳までの基礎学校に通います。その後、大まかに言うと、パン屋さんや肉屋さんになる①主要学校、秘書などになる②実家学校、大学入学許可となるアビトゥアー取得可能な③ギムナジウムという三種類の学校から一種類を選び、自分の将来の職業を準備する教育の道を進みます。

エアフルトで最初に見学したモンテッソーリ・スクールで、ミュラー校長先生にギムナジウムへ行く子どもは、大体どのくらいなのかを質問したら、答えは五〇パーセントで、二番目のノーアのモンテッソーリ・スクールは二〇パーセントと言われました。

南ドイツ・ミュンヘン――モンテッソーリ教育法とインクルーシブ教育

ミュンヘンにはヘルブルッゲ教授の財団、「アクチオン・ゾネンシャイン」の本部があ

ります。そこには幼稚園・保育園と、複線型の学校もあります。住所は左記のとおりです。

Theodor-Hellbrügge-Stiftung Heighofstr. 63/11 D-81377 München

そこは障害という個性をもつ子どもを含めた縦割りクラス編成です。同じ建物には、モンテッソーリの中学・高校がありますが、アビトゥアーを取得できるギムナジウムはないとのことでした。

二〇一八年八月二日（木）～四日（土）、日本モンテッソーリ協会（学会）の第五十一回全国大会が福島で開催されました。

ミュラー校長のモンテッソーリ・スクールでは静粛の中、
こどもは各自の学習プログラムに合った勉強をしていました。

「世界の動物分布」の活動３歳児に提供

故テオドール・ヘルブッゲ教授の執務室で、（現在の後継者）娘ペトラ・ニーマイヤーさんと共に記念撮影

Montessori-Intergratiosschule
Nohre “Theodor Hellbrügge”
An der Erfyter Str. lc D-99428
Nohra（2007年設立）

インクルーシブ教育

日本モンテッソーリ協会（学会）第五十一回全国大会

二〇一八年八月二日（木）～四日（土）、福島県の郡山ビューホテルアネックスで日本モンテッソーリ協会（学会）第五十一回全国大会が開催されました。東日本大震災復興祈念大会だったことが、大きな特徴です。六百名の参加者で、三日目の閉会後には復興ツアーも行われ、現地で、語り部の方から大震災のことを直接に聞けました。

福島県郡山
新幹線改札口で大会広告

第五回ルーメル賞授与式

今、日本ではモンテッソーリ教育は保育関係者や、小さい子どもを持つ親の間で広く知られていますが、第二次世界大戦後の一九六〇年代に、モンテッソーリ教育のリバイバルが起こり、一九六七年七月二十一日、上智大学の教育学の先生たちを中心に、日本モンテッソーリ協会が発足しました。

三代目会長の故クラウス・ルーメル（イエズス会）先生は三十年間会長・理事長を務められ、その間にモンテッソーリアンの全国的組織化と、しっかりした財政を残し、東日本大震災の直前に帰天されました。

現在、前之園幸一郎先生が第四代目会長・理事長です。日本モンテッソーリ協会は、わが国すべてのモンテッソーリアンを傘下に、平和に、仲良く、より良いモンテッソーリ教育を探究する全国組織体(学会)です。第五十一回大会の特徴は、これまで総会で行われていたルーメル賞授与式が開会式の間

ルーメル賞　佐々木洋子会員

にとり行われたことにあります。中国支部の佐々木洋子会員に第五回ルーメル賞が授与されました。

ルーメル賞というのは、前出のルーメル先生の業績を記念し、モンテッソーリ教育の普及と発展を期し、会員の研究意欲の向上と奨励のために設置された賞です。ちなみに佐々木会員は、「家庭の友」、二〇一八年七月号、一一〜一三頁に、すばらしいモンテッソーリ教育の記事を書いておられます。

インクルーシブ教育におけるモンテッソーリ教育の適用と効果

南ドイツのミュンヘン国際モンテッソーリ教育・特別支援教育コースから、ローレ・アンデリック（Lore Anderlik）先生が第五十一回大会に派遣され、来日されました。

彼女は、ドイツのアウリーンさんの最初のコースでモンテッソーリ教育に引きつけられ、一九五三年以来、ミュンヘン大学の小児科医師テオドール・ヘルブルッゲ先生の発達障害のグループで活躍しておられて、すでに六十七年のモンテッソーリ・セラピーの実績をお持ちです。

ミュンヘンのセラピーでは健常児十五人。異なった障害や程度の違う障害の子ども五人が一緒に学びます。ここでの出発点は、「弱い人を強くするメソッドは、強い人をより完全にするメソッド」という、モンテッソーリの言葉だそうです。

アンデリック先生はとてもやさしい人物でした。私たちにいつもスマイルで接してくださいました。後で聞いた話ですが、郡山から富坂のまきば保育園に移って、保育の現場を見ておられた時、子どもが水をこぼしたら、まだモンテッソーリのことをよく知らない先生が、すばやく拭き取ったそうです。

その場面をアンデリック先生は見逃さず、「子どものお仕事を大人が取ってはいけない」と厳しく注意され、富坂でもいい研修会ができたそうです。

インクルーシブ教育の理論と実践

大会テーマが「インクルーシブ教育とモンテッソーリ教育」でしたが、特別講演・高橋純一郎先生（福島大学）はインクルーシブ教育の定義づけからスタートし、インクルーシブ教育の目指す課題を学際的に提起してくださいました。

佐々木景先生は児童発達支援センター「こじか子どもの家」を事例に、福島市の気になる子どもの支援の方法やクラス運営など多彩的にお話ししてくださいました。インクルーシブ教育を中心に二十四の研究発表もありました。

ミサ聖祭

第三代会長ルーメル師がイエズス会士で、第四代会長前之園会長もカトリックの信徒という偶然から、全国大会中にミサがありました。福島大会のごミサの特徴は、電気の明かりの消えた暗闇の中でミサが始まったこと。それは、大震災当時、停電だったことに思いを寄せたからで、聖書朗読の前に電気がつきました。

高橋純一郎（特別講演）

佐々木景（応用講座）

ローレ・アンデリックさん　講演中

右から　春見静子、天野珠子、前之園幸一郎、アンドレアス・ノルデン、乾盛夫（OMI）、松本良子、久万美子、ローレ・アンデリック、スティーブ・ロサリオ（OMI）

東日本大震災復興を祈って

（共同司式）左から、乾盛夫、千野道明、スティーブ・ロサリオ

福島のモンテッソーリ――インクルーシブ教育

先日（二〇一八年十月十二日、十九日）に福島へ行きました。東北新幹線、福島駅から車で五、六分のところに「児童発達支援センター こじか子どもの家」があります。

日本モンテッソーリ協会（学会）東北支部長で、二〇一八年八月二日～四日の第五十一回全国大会を準備してくださった佐々木信一郎実行委員長が園長です。大会のメインテーマが「インクルーシブ教育とモンテッソーリ教育――気になる子どもと共に――」であったように、「こじか子どもの家」はモンテッソーリ教育によるインクルーシブ教育を行っています。

児童発達支援センター

玄関を入ると、そこは大きい広間に使える広い廊下になっています。その各部屋の前に、他のモンテッソーリ園でも見られるような、出席シールを貼る小さい机と椅子があります。（写真２）しかし、ここで初めて目にしたこと、それは今日一日の流れの時間割とか、月間カレンダーなどの予定表、掲示のすべてには絵や写真が貼ってあって、目で見て、視覚で理解できるように特別に配慮されていることです。

廊下で窓ガラスの向こう側の子どもの様子（写真１）を見学していると、子どもは折にふれて、自分が次に何をするかを知るために、廊下に出て、このボード掲示板を眺めていました。子どもは発達障害があっても、ちゃんと何をすべきかを知っていて、その上で自分の自由意志で選択し、お仕事を初めいろいろな活動を

（写真１）（写真提供：「こじかこどもの家」）

（写真２）教室の前にある出席シールを貼る机と椅子、今日の時間割、10月の月間カレンダーや予定表。

しているのです。それが分かった時、私は感動しました。本当に、人間の本質は、何かをするとき、知って、分かってやっていたら、安心するではありませんか。

モンテッソーリのインクルーシブ教育

ここで実践しているモンテッソーリのインクルーシブ教育とは、どういうことなのでしょうか。

それは、障害があるとか、障害がないとかを考えて、分けるのではないのです。（写真3）一人ひとりのもつ個人差・個性を考えて、それぞれの子どもの発達ニーズに応え、対応するというモンテッソーリ教育（写真4）なのです。

（写真3）子どもの個性に合わせた教育的ニーズに対応するインクルーシブ教育

（写真4）モンテッソーリの教具は、「触ってネ」と子どもを誘っている

自閉症児の個性に目による視覚的支援が重要

自閉症、ダウン症、知的・身体的な障害は、気になる子どものそれぞれの個性によって独自なものがあり、一般化することは難しいのですが、左記のような特徴があります。

①対人関係に障害がある。自閉症の子どもは対人関係に障害があって、目と目が合わせられない。普通、見つめ合うというようなことがあるが、それがとても苦手で、かつ、人と一緒に何かをするのがとても苦手である。

②コミュニケーションに障害がある。自閉症の子どもは言葉やコミュニケーションの障害があって、言葉の発達に遅れが見られる。

③こだわりの行動がある。これは秩序感がずっと続いているからで、こうして概念形成ができない。

④情報処理の仕方では視覚が得意である。普通は目で見たり、耳で聞いたりして、情報を獲得する。障害のある子どもは目で見るという視覚的な情報取得を得意とする。耳で聞くという聴覚による情報取得は苦手。言葉で言われてもよく分からない。しか

し、目で見るとよく理解できるというのが、自閉症の子どもの個性なのです。

各教室の入り口に掲げてある時間割、カレンダーのボードは障がい児のための重要な視覚的支援なのです。

モンテッソーリと発達障がい児――「こじか子どもの家」

「こじか子どもの家」の廊下で、ガラス窓の向こう側を見学していると、ここが発達支援センターだということを忘れてしまう。

教室の中は、モンテッソーリ教育の教具や教材によって環境構成がなされ、そこで幼い子どもたちが自分のやりたい活動を自分で選択し、熱中している姿がありました（写真1、2、3）。

案内してくださった佐々木園長先生は、どうしてモンテッソーリ教育を知るようになったのだろうか。こんなにも純粋に、モンテッソーリの理念を実践しておられるのは……。

（写真1）（写真提供：「こじか子どもの家」）

モンテッソーリと佐々木信一郎園長

まず、佐々木信一郎先生はマリア・モンテッソーリと同じカトリック信徒です。お父さまが桜の聖母短大の先生だった当時、家族全員で受洗されたそうです。教会で「うめだ・あけぼの学園」の障がい児教育について聞き、大学卒業後「うめだ・あけぼの学園」に就職し、「うめだ・あけぼの治療教育職員養成所」でモンテッソーリ・ディプロマを取得しています。不思議なご縁ですが、四十年前、そこで私からも講義を受けたとのことでした。

その後、彼はドイツ・ミュンヘンへ留学しました。障がい児の早期発見・早期治療教育にモンテッソーリ教育を適用した「アクチオン・ゾネンシャイン」に留学し、ＡＭＩディプロマを取得したモンテッソーリアンです。つまり、佐々木先生はモンテッソーリと同じカトリックという信仰を持ち、その上でモンテッソーリ教育を実践されているので、モンテッソーリ教育を純粋に展開で

（写真３）幾何タンス

（写真２）キュウリの皮むき

きるのでしょう。

インテグレーション※

今年で、「こじか子どもの家」は設立十六年です。その母体は彼が大学生の時に、お母さまが設立したこじか保育園です。このように姉妹園として、健常児と障がい児の二施設があり、その間でインテグレーションが実践されているのです。

佐々木園長先生は、こじか保育園と「こじか子どもの家」のインテグレーションについて次のように説明なさいます。

こじか保育園と「こじか子ども家」のインテグレーションは、こじか保育園のにじの部屋（三、四、五歳児の縦割りクラス）、「こじか子どもの家」のゆり組、ばら組（三、四、五歳児の縦割りクラス）と、こじか保育園のほしの部屋とこじか「子どもの家」のきりん組、もも組が姉妹クラスになって実践します。

四月、それぞれの姉妹クラスの子どもたちの写真をアルバムにして交換します。

その後、毎週水曜日、各クラスに保育園の姉妹クラスから二人ずつ子どもたちが子どもの家のクラスに入り、活動します。

両園ともモンテッソーリ教育を行っているので、保育園の子どもにとっても環境的に類似しており、保育園にいるような感覚で安心して活動することができます。

十月に両園の合同遠足を行います。保育園の園庭まで子どもの家の子どもたちが行って、そこで、保育園の子どもたちと手をつなぎ、近くの公園へ行きます。

このように、年間を通じ、交流することによって、どの子どもにも、人は異なっているという事実と、その異なっていることについて、「良い悪いなどの価値判断はできないという根源的な人間観が培われます」と。

※ 健常児と障がい児を同じ場所で教育すること。

人間の使命・幸せに生きる

自分の周りでやっていることを本当に自分でもできること、それは幸せです。社会生活で自立できると、人間として内的な満足感を覚えます。「こじか子どもの家」でも昼食の時、子どもたちが昼食の準備をします（写真4）。そこでお茶を配る時も、はっきりと「お茶いりますか？」と聞いていました（写真5）。ご返事の「いります」、あるいは「いりません」。これは自分の自由意志を表す重要な第一歩です。「いります」はいることで、「いりません」はいらないこと。自らの意志決定は重要な人間の傾向性の一つです。

また、一日のスケジュールの終わりには、その日に誰が、どんな活動をしたかの振り返りが行われていました（写真6）。これこそは、「こじか子どもの家」で感動した最大の、収穫の一つです。

一日の始まりに何をするかを自分で決めて、最後には自分で総括をする！

初めて行った福島市で、私は自分の毎日の生き方を反省しました。一日の終わりにその日の総括をし、そして必ずやってくる最後の瞬間に自分の一生の総括もちゃんとできるように！と。

（「こじか子どもの家」で働きたい方は直接お問い合わせください）。

（写真4）昼食の時間

（写真5）お茶のサービス「お茶いりますか？」

（写真6）一日の振り返り

「こじか子どもの家」――インクルーシブ教育

新幹線の中で心配な子ども

毎年、八月下旬は広島のモンテッソーリ・コースで集中講義があります。二〇一八年は、思いがけない事件と重なりました。「山口県の行方不明になった二歳児が無事に保護されて……発見したのが七十代の捜索ボランティア」事件です。

講義後、広島から東京まで「のぞみ」の座席は、通路側でした。小さい坊やが窓側で、お母さんが真ん中の席に座っていました。男の子は、広島カープ応援の赤いTシャツを着ていました。お母さんは広島カープの大ファン？　私たちは別に何も話したりしませんでした。しかし、やっと小田原付近で、何気なくボランティアのおじいさんが発見した二歳児のことについて、「本当に良かったですね！」と話が始まりました。

発見されたあの子と、窓側に座っている坊やのお誕生日が同じで、二歳児だということを知りました。

ボランティアのおじいさんが、子どもの名前を呼びながら探していたら、あの子が「ぼく、ここ!」と返事したとTVや新聞で報道されています。

「けれども、うちの子はそんなこと言えない。病院へ行って診察してもらったほうがいいのかしら?」と、心配そうに打ち明けられました。

そう言えば、その子は、ずうっとおとなしく、手がかからない子ども……。だからこそ「心配な、気になるお子さん」なのでした。

「じっとしていられない」「注意力が欠ける」と言った症状が出る注意欠如・多動症（ADHD）などと、発達障害の子どもの問題も多くなっているようです。もしも、あのお母さんがこの記事を読んでくださっているならば、ぜひ、「こじか子どもの家」をご紹介したいです。

「こじか子どもの家」の佐々木景先生

「こじか子どもの家」の子どもたちは、市の保健センターから紹介されてくるのがほとんどで、乳幼児健診でチェックされた子どもは二次健診があり、そこから「こじかキッズサポート（相談支援事業所）」が紹介されます。キッズサポートは、福島市のさまざまな施設を紹介し、保護者が「こじか子どもの家」を選択して、最終的に子どもは入園してくるのだそうです。

「こじか子どもの家」の佐々木景先生（心理士）の相談予約は、半年後までいっぱいで、毎日のように相談を受けなければなりません。市町村からの保育所への巡回指導の依頼が入ったりもします。福島市の乳幼児健康診査の二次健診の仕事や保健センターに一日出向くこともあります。その合間に「こじか子どもの家」の保護者との相談も入ります。

景先生は、養護学校の教師になる教育を受け、その後「うめだ・あけぼの学園」でモンテッソーリ・メソッドを習得されました。

「うめだ・あけぼの学園」は、上智大学のペトロ・ハイドリッヒ神父様が設置されたカトリックの施設です。その影響もあってか、マリア様の聖像（写真1）が子どもたちを見守っています。食事の時、「神様、おいしいお食事をありがとうございます。いただきます」とお祈りします。

（写真1）慰めの聖母子（深澤守三作）

「こじか子どもの家」の廊下は幸せの美術館

さて、「こじか子どもの家」の廊下は美術館みたいです。園児の作品です。お友達や園長先生の笑い顔や、それぞれの名前の描かれた絵（写真2）。お口とお腹を大きく開けて笑っている、色紙をハサミで切ったトトロ。女の子も、草花も、どれもがニコニコと愉快に笑いかけます（写真3）。ハッピーな幸せ！アインシュタインが舌を出して笑っているみたい。そうです、アインシュタインは五歳ごろまで言葉をあまり話せなくて、対人関係にも問題があって、自閉症（アスペルガー症候群）と言われました。そのおかげで、別のものに興味を持つ傾向が芽生え、天才数学者・ノーベル賞受賞者アインシュタインが誕生したのでしょう。

早い時期から専門的な対応が必要

佐々木信一郎園長先生は、「幼児期は子どもがまさに発達している時期です。だから刺激を与えると、子どもはいろいろと身についていく。したがって、早期に対応していくことはとても大切ではないでしょうか！」と訴えます。

小学校入学前の教育は大切です。

五歳の時は、子どもにとって重要な時期であって、自立して生きていけるかどうかの分かれ道です。だから、子どもは集団生活が送れるように指導しておられ、子どもは協力し、健常児と同じ

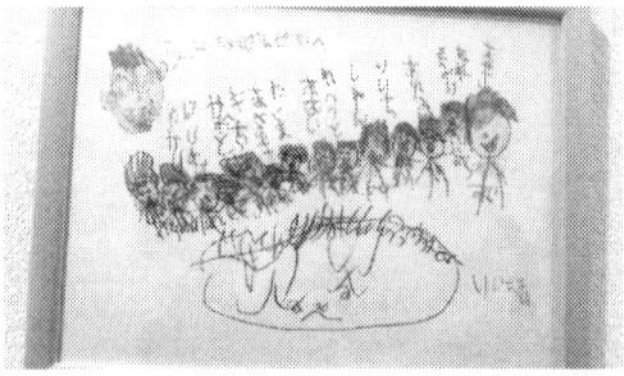

（写真2）（写真提供：「こじか子どもの家」）

（写真3）「こじか子どもの家」の廊下／子どもの作品

ように行動していました（写真4）。
そこでの子どもの姿はどれも印象的でした（写真5）。

（写真4）みんなで協力する子どもたち

（写真5）自分で遊んで活動する／
モンテッソーリ教育の環境の中で

4 モンテッソーリ・ケア

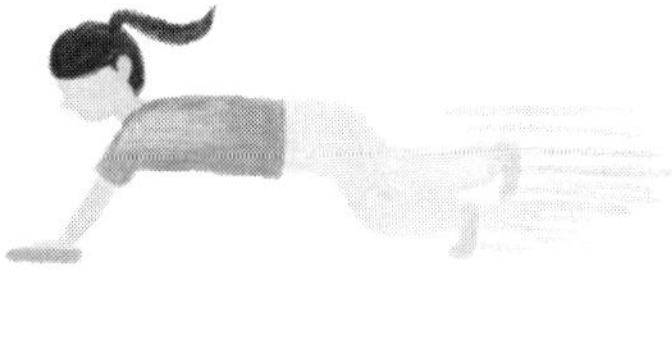

モンテッソーリの介護

自立によりそう介護

日本において認知症の患者数は、二〇二五年に七百万人になると予想されています。高齢化社会という現実に、どのようによりそっていけばいいのでしょうか。モンテッソーリ・メソッドによる介護が、ドイツ、フランス、スイス、イギリス、チェコ、スロベニア、香港、韓国など世界の各地で高く評価されています。

わが国でも、二〇一八年七月十四日（土）に、東京都立川市の至誠《しせい》第二保育園で、そして十六日（月・祝）、岡山ノートルダム清心女子大学を会場にして一日のセミナーが開催されました。講師はオーストラリア・シドニー在住のアン・ケリー（Anne Kelly）さんです。研修は特に、モンテッソーリによる高齢者、特に認知症患者のケア、介護についてでした。介護の本来あるべき姿、準備すべき環境、具体的ケアの仕方です。

アンさんは三十年間、看護師として医療現場で働き、また十三年間、モンテッソーリ教育に携わった経歴をお持ちで、アムステルダムの国際モンテッソーリ協会から認知症プログラムのワーカー養成を委ねられています。

モンテッソーリ教育による介護とは？

マリア・モンテッソーリは、教育に関する固定概念を打ち破りました。そのようにモンテッソーリの哲学や理念、ヴィジョンを基礎にしたモンテッソーリの介護は、もしかしたらわが国における、一般的に介護と言われている現場の概念と、だいぶ違っているかもしれません。

伝統的に、従来やってきたことを続けるほうがどれだけ簡単か、ということになるのかもしれません。

けれども、もっと良い、質の良い介護をしたいと望んだ時にだけ、モンテッソーリ教育の介護は可能になるのでしょう。

現在、世界の一一〇カ国で、二万二千校のモンテッソーリ・スクールがあると言われていますが、それぞれ最初のステップでは、大きな壁、障害を乗り越えています。

モンテッソーリ教育の介護で大切な要素は、〇〜三歳児、三〜六歳児の乳幼児や、六〜十二歳児の小学生のためのモンテッソーリ教育と教育原理は同じです。すなわち、「環境構成」がとても重要だということです。

小さい子どもにとっては、椅子とか机をミニサイズの子ども用にすることが大切ですが、高齢者の認知症ケアの場合は、どのようなことが大切なのでしょうか。

「介護の環境構成」とは？
最初、ご利用者さんをよく観察

モンテッソーリの「子どもの家」では、幼児のいのちの援助（Aid to Life）のために子どもの「観察」は基本です。観察は介護施設におられる高齢者のケアでも基本です。介護施設の利用者さんを、まずよく観察しましょう。

介護を職業としている職員の方は、すぐに世話を始められますが、そうではなく、まず例えばこの人は何が楽しいのかな？　この人はなぜ悲しそうなのかな？　トイレの場所が分かっているかな？　自分の部屋が分かっているかな？　寝るベッドが分かっているかな？　なども観察してみてください。

認知症高齢者に寄り添っていくには、今までとは違った、なにか新しい視野を広げる必要があるようです。

認知症の高齢者と子どもとの違いは、子どもはまだ文字が読めないけれど、高齢者で文字を読める人は、書いておくと許可を得られたとして安心して飲みたいものを飲めます。だから介護施設の利用者さんはどうせ認知症が始まっているのだからと考えないで、いろいろ必要な指示標識を書いておくと、利用者さんに日々の生活を安心して過ごしていただけます。

ご利用者さんも自分の名札を付けて!!

介護する側のスタッフだけが名前の名札を付けていれば、それでいいのではないかと思わないでください。そうではなくて、事務員、お料理を作る人、看護師、ヘルパーさん、利用者さんも、名前を書いた名札を付けてみてください。

名前は非常に重要です。特に認知症が始まっていれば、自分の目の前に座っている人が誰だか分からない場合も多く、その時に名札から、「あなたは誰？」、そして「私の名前は？」というように、アイデンティティーの意味でも、名前を付けることは大事です。高齢者の生活の質の向上（ＱＯＬ）のためにも名札の持つ意味は大きいです。

利用者さんも社会の構成員の一人です。少しずつ加齢によって生理機能とか、認知機能に障害が出てきても、モンテッソーリの介護では、その人の可能な限りの精神的・身体的な自立を援助します。いのちへの援助、これは幼児でも、高齢者でも、同じです。

研究会において、講演者アン・ケリー（Anne Kelly）先生と一緒に
左から高橋紘、和田上典子、三浦勢津子、松本静子、深津高子、
アン・ケリー、後藤洋美

東京会場にて　社会福祉法人至誠学舎立川
至誠第二保育園ホール　東京都日野市日野1183-3

社会福祉法人至誠学舎立川は保育園、養護施設、介護施設を運営していて、現在、保育園は全園がマリア・モンテッソーリの教育メソッドを導入しています。

モンテッソーリ・ケア――認知症の高齢者に

岡山の介護施設

新幹線の「岡山」駅から車で十五分ほどのところに「星の家」デイサービスセンターがあります。認知症を中心とした高齢者のデイサービスをする介護施設です。

発端は岡山ノートルダム女子大学付属幼稚園です。ここに愛娘《まなむすめ》を通わせている一人のお父さんが、保護者の参観日に幼稚園の部屋の中で、モンテッソーリ教具の空気と、子どもの変化に感動して、みずから経営するデイケアの方針を「これでいこう!」と決めたのだそうです。

右から多田陽貴先生、奥山清子先生、福田和哉先生
(星の家中央デイサービスセンター
〒700-0933 岡山市北区奥田 2-5-20

このお父さんは「星の家」デイサービスセンターの社長さんです。社長さんの一言で、認知症の高齢者に適応したモンテッソーリ・ケア介護施設がスタートしたのです。

しかし、社長さんがそう言っても、「モンテッソーリって何？　何だか分からない！」という段階から職員が勉強を始めました。

「星の家」モンテッソーリ・ケア ――デイサービスの方針

岡山市の奥山清子先生を中心としたモンテッソーリアンが「三歳から五歳の子どもの場合、モンテッソーリ教育はこうなんだ」と説明し、それを聞いた職員側が、園内研修で高齢者にどこが使えるかを話し合ったそうです。「こうした時には、待ってあげたらいいんだ！」、「ゆっくり示してあげたらいいんだ！」などなど。

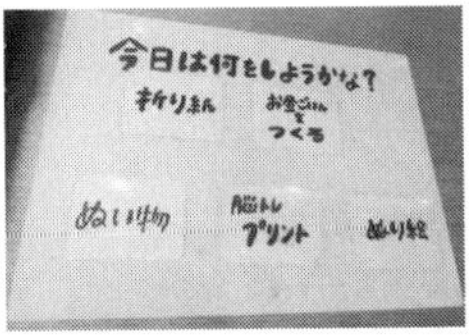

自分の好きな活動を、一人机で、
やりたいだけ集中して続けられます。

自分で選んで、自分で決める
――「自己選択」「自己決定」

普通のデイケアやグループホームでは利用者の一人ひとりを大切にしてよりそっていくと言っても、やはり施設が作成したスケジュールに合わせます。しかしここでは、お部屋に入ったらすぐ、折り紙をしようか、お昼ごはんをつくろうか、ぬい物をしようか、脳トレプリントをしようか、ぬり絵をしようかと自分のやりたいことを選び、自分で決めます。

モンテッソーリ教育の基本的原理である「自己選択」「自己決定」が、こうして「星の家」の方針になっています。

モンテッソーリの教育原理に基づく環境構成の中、高齢者は一人ひとりがその環境の主人公です。「星の家」では手仕事をするところ、お料理を作るところ、TVを観るところ、お茶を飲むところ、というように環境が準備されています。

抹茶ミルクの袋には「スプーン2杯」「お砂糖入り」と書かれてあります。

コーヒーメーカーには「コーヒーを飲みたい方はいつでもどうぞ」「コーヒー　砂糖　入ってないです。」と貼ってあります。

コーヒーやお茶はいつでも飲めます。

赤い線

トイレを見学したとき、「赤い線」がすぐ目につきました。

二十一世紀の今、血液がどろどろにならないように水分補給が奨励されます。飲めば排出します。さらに加齢によってトイレへ行く回数が多くなります。気になるのはトイレを汚してしまわないかの心配です。

「赤い線」に上履きの先を合わせて便器に座ると、ちょうど良く、何も汚しません。安心してトイレができます。これで、人間としての尊厳を保てるのです。

トイレを汚さないため：赤い線のところに自分の上履きの先を合わせます。

好きなことを好きなだけ――集中現象

それぞれの人が自分で自分のする活動を選び、自分のペースで行い、自分でできる喜びを感じ、「自立」を目指す配慮はモンテッソーリ・ケアの大切なポイントです。

自分で選んだ活動に集中できるように、机は一人机です。そこでは活動そのものを楽しめるように、また集中できるようにもサポートされています。それまでは荒々しい言動をされていた方が、集中現象を重ねるごとにその荒々しさが消え、心が平和を楽しまれている様子を見てとれるそうです。

オープンキッチンでは、ご利用されている方とスタッフが共同で昼食をお料理します。スタッフが何かを伝えたい時には一つひとつをゆっくりと、正確に伝えて「自分で考え、見通しを立てる」ようサポートが配慮されています。

自分だけの手仕事（活動）に集中

世界の動向——プラハ・岡山

二〇一七年八月、チェコのプラハで国際モンテッソーリ協会の世界大会が開かれ、「高齢者のモンテッソーリ教育」のテーマでシンポジウムがあり、「星の家」の先生も参加しました。はじめは受け身的に聞いていたのが、途中からこれは自分たちもやっている。えっ！　これは自分たちの方が進んでいるのではないかと知って、胸が熱くなったそうです。

なお、「家庭の友」の二〇〇九年十二月号（二～一一頁）「アグネス対談　高齢者のためのモンテッソーリ」で、私はアグネス・チャンと故クラウス・ルーメル神父様（イエズス会）と対談し、その記事が掲載されています。ご参考にしてください。

毎日、オープンキッチンではお料理をするのが好きな方とスタッフが一緒に昼食やおやつを作り、皆で食べます。スタッフもそれを食べます。

「聖アンナこどもの家」と「星の家」
――クオリティー・オブ・ライフ

五歳児のお泊まり保育

「聖アンナこどもの家」の「お泊まり保育」に参加させてもらいました。とても楽しかったです。

いいえ、私が楽しかっただけではありません。子どもたちが、「もっと泊まりたい！」と口ぐちに言っていました。

子どもたちは五歳です。彼らは、折にふれて、壁に貼ってある「お泊まり保育の流れ」（一日の予定表）（写真1）の前に立って、これからやることをチェックしていました。幼い子どもであっても、言われたことを、そのまましているのではありません。

五歳児はもうひらがなを書けて、読めます。小さく、幼い子どもであっても、ちゃんとその子なりの発達段階における理性や知性、自由意思、それらを判断する良心を持っています。子どもは、自ら自分のやることを感覚を使って認知し、自分で了承し、自由に決定し、行動します。これは人間の特性であり、傾向性です。

そんな子どもたちを見て、私は、今年（二〇一八年二月二十三日）見学させていただいた、岡山の「星の家」デイサービスセンターを思い出しました。

「星の家」デイサービスセンター
――モンテッソーリの介護現場

モンテッソーリ教育による高齢者の介護を目指す岡山「星の家」デイサービスセンターでは、デイサービスのお部屋入り口の壁にお知らせの掲示板ボード（写真2）が掛かっていました。

朝、ご利用者さんが送迎用のバスで到着され、センターに足を踏み入れて、これから一日を過ごすお部屋に入ったらすぐ、目につくのがこのボードで、「今日は何をしようかな？」です。

そうです、ご利用者さんはここで「何をしようかな？」と、これからやることを自ら選びます。

幼児の「聖アンナこどもの家」と高齢者の「星の家」の二つで共通していること、それは幼児という発達段階の最初にいる人間と、記憶という機能に障がいが見え始めた発達段階の最後にいる人間とが、それぞれの理性・知性、自由意思、判断力、良心を秘めた普通の人間として取り扱われていることです。幼児と高齢者という社会の弱者が、従来の先入観と固定概念を脱ぎ棄てた医師モンテッソーリによって人間としてのクオリティー・オブ・ライフ（ＱＯＬ）を認められた、と言えるでしょう。

モンテッソーリは、医学の自然科学的視点から、子どもを観察し、十八世紀後半から始まった実証科学的教育実践の上にモンテッソーリ教育学を構築しました。

人間は宇宙の中の地球上に登場しましたが、地球上の他の動物が持つ感覚以外にも、人間は、特別に理性、知性、自由意思、判断力と良心を持っています。これらの特性をこの世に生まれる瞬間から、この世とのお別れの最後の死の瞬間まで、アプリオリに内在させています。

幸せになること

お泊まり保育の間、食事は夕食も朝食も、子どもたちが自分で準備しました。どのようにして食事を準備するの？　答えは、五歳児が壁に貼ってある（写真3）ものを読むのです！　夕食のやきそばやサラダ、朝食のサンドイッチ、テーブルの用意の仕方などを自ら読んでチェックしていました。子どもたちは自分で自主的に判断し、行動し、幸せでした。そし

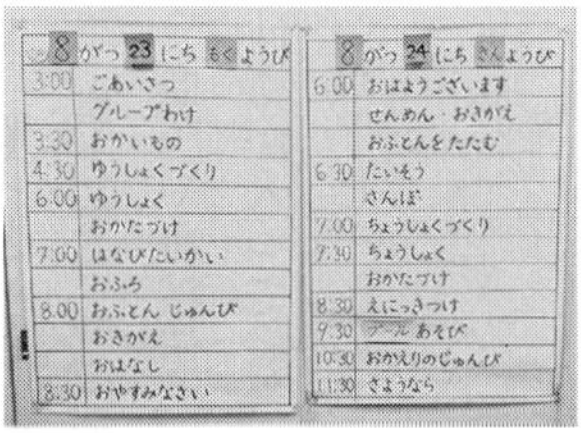

(写真1)「聖アンナこどもの家」
お泊まり保育の流れ（一日の予定表）

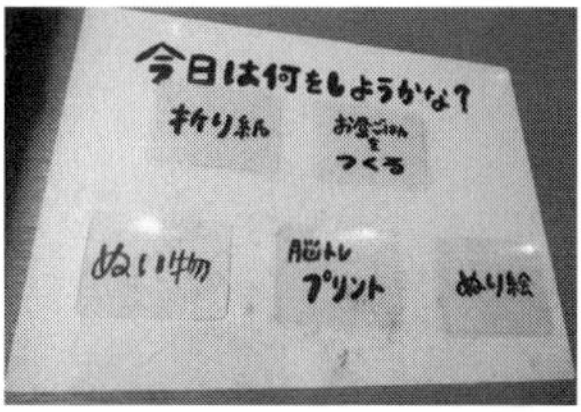

(写真2)「星の家」デイサービスセンターのお部屋で最初に目につくお知らせ掲示板ボード

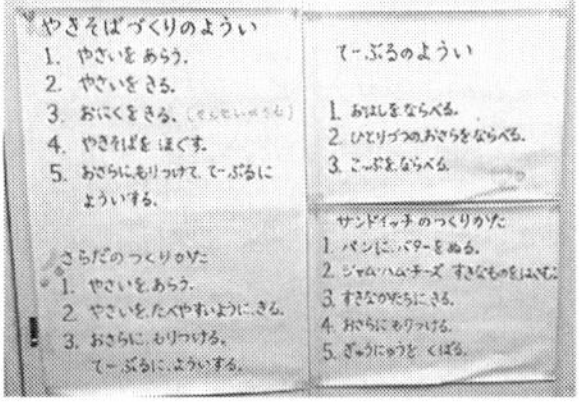

(写真3)

て「もっと泊まりたい！」と言いました。

「星の家」のご利用者さんも障がいがあっても、人間の特性は機能しています。血圧や血糖値の高めの方にとって、お砂糖が入っているか、否かの情報は重要です。お砂糖が入っている、いないを知った上で、お砂糖の入っている抹茶ミルクか、入っていないコーヒーかのどちらかを（写真4）自分で選んで、飲みたい時に飲めるのは幸せです。

最後は雑巾がけ

お泊まり保育の最後は、使ったお部屋のお掃除で、雑巾がけでした。五歳児はなんて早く雑巾がけができるのでしょう！　私はビリになってしまいました。何人かの子どもから、「がんばれ！　がんばれ！」と熱く声をかけられましたが……。

モンテッソーリが言っているように、本当に「子どもは人間の父」ですね。

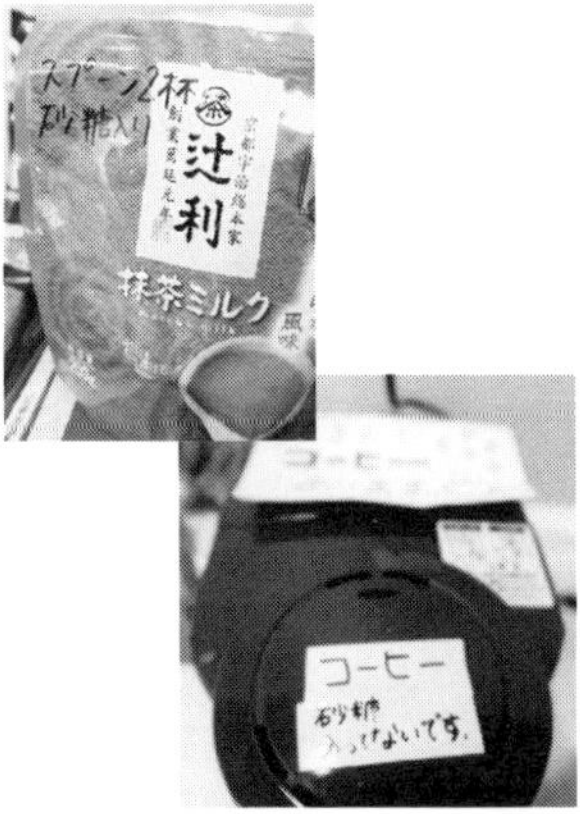

（写真 4）飲みたい方は、自分の健康状態に合わせて、自由に、いつでも飲めるコーヒー・コーナー

（写真 5）お泊まり保育の最後におそうじ

5 宗教教育

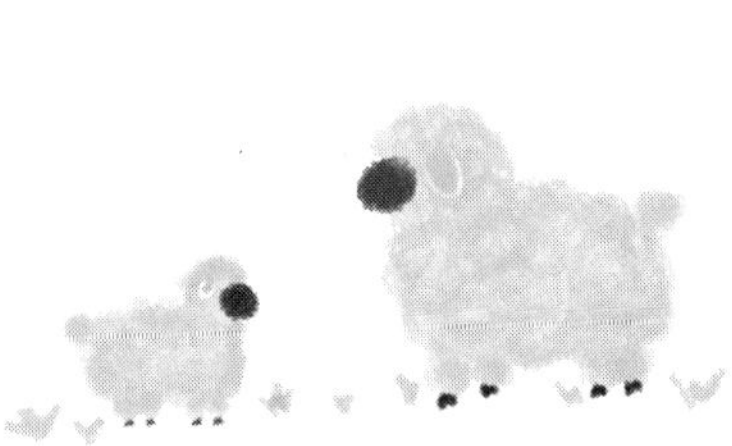

沖縄のモンテッソーリ

カトリック学園夏季研修大会

二〇一九年度、カトリック学園夏季研修大会に招待されました。テーマは「モンテッソーリのコスミック（宇宙的）なヴィジョン」で、午前中はごミサと理論の講義、午後はコスミック創造者でもあるモンテッソーリの宗教の実践を行いました。那覇市内にある安里カトリック教会が会場でした。実は、沖縄での研修大会は三回目です。

一回目は二十一年前、今回と同様、カトリック学園夏季研修大会で、「モンテッソーリの宗教教育」がテーマでした。二回目は十六年前、「日本モンテッソーリ協会」第三十六回大会がハーバービューホテルで開催されました。押川壽夫司教様は、両方の集まりに出席され、モンテッソーリ教育が沖縄のカトリック教会でよく浸透していることが分かります。押川司教様は全国大会で基調講演をなさり、懇親会、余興にも参加してくださいました。

今回、連盟長のシスター砂川まり子（クララ幼稚園）園長先生と、山田圭吾（泡瀬教会）さんが大奮闘し、安里カトリック教会の共同司式ミサで夏季研修大会の幕が上がりました（写真1）。押川司教様の懐かしいお顔はすぐ分かりました。

その上、二〇一八年二月から、沖縄の那覇教区長には新しい司教様ウェイン・フランシス・バーント司教様が着任されました。彼にはかつて、埼玉県の大宮小百合幼稚園での入学式や卒園式でお会いしたことがあり、「オバマ大統領はモンテッソーリ・チャイルドですよ」と教わったことがあり、カプチン・フランシスコ修道会所属のアメリカ人です。

（写真1）安里カトリック教会で研修会の開始前にミサ聖祭

沖縄と「平和」

沖縄はサンゴの島。飛行機の窓からサファイア色のサンゴ礁が透き通って見え、サンゴが生息している海はきれいな海です。那覇空港に着陸して、午後、那覇で「平和巡礼」をしていると、チョウが数羽、目の前を飛んでいきました。

モンテッソーリは、「地球は神様からの最高のプレゼント」と言っていますが、サンゴは一秒に三十リットルの海水を飲み、炭酸カルシウムを体内に貯め込み、後にそれで陸地を作ります。他方、海に酸素を出して、塩分を一定のパーセントに保って、海のお掃除屋さんの役割を果たしています。

チョウはお花の蜜を吸い、自分の命を保持します。他方、身体や羽に花粉を付けて、次のお花へ飛んでいった時、花の受粉のお手伝いをします。

サンゴもチョウも自ら生命を保全・維持しながら、他方で海水の酸素を常に一定に保ったり、受粉をお手伝いしたりと、周りの環境に調和をもたらすように利他主義的に働いています。人間は？

モンテッソーリ教育

モンテッソーリ教育は、新教育として世界中で知られ、子ども一人ひとりの能力、力、可能性を開花させ、個性を実現させる教育メソッドです。モンテッソーリ教具についても教具の一つひとつが子どもの発達に沿い、医学的、教育学的に作られています。そこにはまず、コスミック・宇宙があり、そこから地球が生まれ、生命が誕生します。それも宇宙のプロセスで……。そういう次元からのモンテッソーリの観点があって、「人間として」の課題で自分自身を振り返り、また未来を担う子どもたちの教育を考えていかなければなりません。

「神の似姿」として「第二の創造」

モンテッソーリは、第一次世界大戦、ロシア革命、スペインの内戦、第二次世界大戦を体験し、切に平和を望みました。人間は、神ご自身の「似姿」として造られたのに！

人間は自由と良心の付与された「知性」を持っています。人間はこの神の知性で第二の創造を続けています。第一の創造は、神ご自身による一五〇億年前の宇宙の創造です。人間は知性を駆使《くし》し、それを素材にして、第二の創造を継続します。

その場合、サンゴやチョウが自己保存しながら海のお掃除屋さんや花の受粉の利他主義的コスミック課題は、人間ではどうなっているのか？　コスミックへ、世界の平和への課題は？　モンテッソーリは、コスミックの課題を意識し、努力する人間を、Suprahuman（スプラヒューマン）と呼んで、モンテッソーリ教育の究極目的に掲げています。

実際に、園での子ども一人ひとりの教育を通しても、年長児さんは自分のやりたいことを少しずつ我慢しつつ、年少児のお世話を貢献的にサポートするのを目《ま》のあたりにすることがあります。

年中児さんからも、自分のできることを他の子どもと共有し、さりげなく調和を保ち、平和な環境を維持していることに気づかされます。先生方も、この子どもたちの姿から、謙虚に、子どもたちと関わっておられます。コスミックの課題、平和への第一歩です。

「良い羊飼い」に会える「ミサ」

神様は自らを「良い羊飼い」だと言われました。「静粛の練習」でその秘密をいっぱいに、傾聴してみましょう（写真2、3）。

「良い羊飼い」のたとえ話は、子どもの好きな「おままごと」のように、言葉や動作をすることで（写真4）、子どもの心の奥深く刻み込まれます。「良い羊飼いは羊のために自らの命をささげる」の言葉は、子どもの心に生涯響き残ります。神様は一人ひとりの中におられ、不思議な力が宿っていて、私たちは「良い羊飼い」といつも「ミサ聖祭」（写真5、6）で出会えます。私はさみしくない！

沖縄は平和の巡礼地です。

（写真 2）

（写真 3）

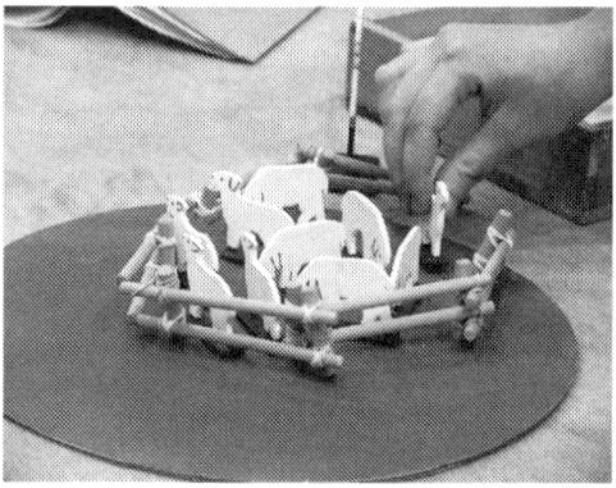

（写真 4）

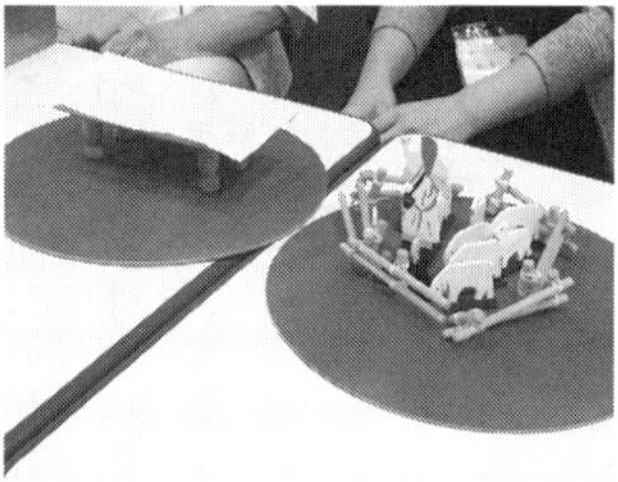

（写真 5）

（写真 6）

幼児は形而上学的《けいじじょうがく》

あかりちゃんが四歳になりました。私は絵本にまっ赤なバラ一本を添えてプレゼントしました。大きなバラにあかりちゃんはびっくりして、「これ本物？」と尋ねました。

「これ本物？」の言葉に、十年前、日本モンテッソーリ協会（学会）の仙台大会でサレジオ会のコンプリ神父様の講演を思い出しました。コンプリ神父様は幼稚園で毎週、小さい子どもたちに神様のお話をしているそうです。

ある時、お話をしようと席に近づくと、机上にはきれいなお花が花瓶に飾ってあって、それで幼児たちに「このお花は誰がつくったのでしょうね？」と尋ねました。

「お花屋さん！」とかの返事を期待していたそうです。手を挙げた子は、「そのお花は本物だよ」と言いました。

神父様はその答えにびっくりし、「幼児はなんて形而上学的な生き方をしているのだろう」、と思ったそうです。

大人の私たちは、プラトンの「洞窟のたとえ話」の鎖につながれた奴隷のように、たいまつの火に映った影しか見ていないのに、それを現実だと思っています。幼児はもっと直観的に、形而上学的に生きているのでしょう。

クリスマス会

十二月はカレンダーでは師走です。大人にとっては一年の終わりが近づき、気ぜわしさを感じます。子どもにとってはクリスマスという一番うれしい行事があります。

クリスマスはイエス様のお誕生を祝うのですが、多くの人が二十四日にクリスマスケーキを食べ、大みそかに除夜の鐘を聞き、元旦に神社へ初詣に行く日本では、幼稚園や保育園、子ども園でも、運動会の後にやってくる行事として、だんだんと「みんなと同じことができるようになる」という大切な目標を目指し、クリスマス会が定着しています。

あかりちゃんも、一、二歳の時は観客の方だったのが、三歳になると、みんなと一緒に練習することも多くなったようです。あかりちゃんは一、二歳の時は東京都の認証保育所でした。三歳になると、他の保育園へ移らなければならず、幸いに三歳になっても行ける所がありました。

十月のことでした。クリスマス会の準備は半年前から少しずつ始まっていました。踊りと歌が大好きなあかりちゃんは何の問題もなく、新しいお友達の練習に加われました。そして朝、保育園へ行く途中、「今日はクリスマス会の練習あるのかな?」なんて独り言を言ったりしていたそうです。

クリスマス会当日、一人でなんということ、行列の一番前で先生に誘導されて舞台に現れて、見本で一緒に踊っている先生をちらりと見ながら、踊り終えました。

これはあかりちゃんがママやパパから離れて、一人で何かをやっている初めての姿だったそうで、輝いていたそうです。

劇遊び、合奏、歌や踊りもあって、劇遊びは「あかずきんちゃん」でした。

クリスマスの製作ではツリーの壁飾りを作りました。クリ

(写真：古屋麻子「聖アンナこどもの家」)

スマスらしく赤い色でした。ママはお家のリビングの壁にすぐ飾りました。製作の時、あかりちゃんはカラーをすごく慎重に選び、納得いくまで時間をかけて作っていたとのことです。

クリスマス会の最後のご挨拶の時、園長先生が、「クリスマス会では、お友達と一緒にできるという行事を通して、みんなで力を合わせて頑張る、という気持ちを大事にして練習しました」と、ご挨拶されたそうです。

「イクソス会」の保育士さんの体験

またこの頃、キリスト教イクソス会の保育園に勤めておられた保育士さんの言葉を思い出します。その先生は当時一歳児を担当しておられました。

ここの保育士さんの保育園では、毎朝礼拝をしていました。ローソクの点滅や賛美歌、お祈りがあります。

（写真：桝澤ナオミ「つづきルーテル保育園」）

最初は礼拝に参加できなかった小さい子どもも次第に礼拝に参加し、賛美歌を歌い、手を合わせて、お祈りする姿が見られるようになります。
三、五歳児の降誕劇の配役が決まった際、子どもに「何をするの？」と聞くと、「羊飼いだよ」と教えてくれました。保育士さんは「すてきな役だね」と言うと、「どれもみんなすてきだよ！」と教えてくれたそうです。その時、子どもたちの中に、感謝の気持ちが宿っているのだ、とルーテル保育園の保育士さんは考え深くおっしゃいました。
クリスマス会を通して、子どもたちはたくさんのことを学び成長しているのだ、と思ったそうです。

「聖アンナこどもの家」

昨年、私は町田の「聖アンナこどもの家」を訪問しました。お部屋の中は園児の保護者やおじいちゃま・おばあちゃま方でいっぱいでした。降誕劇を観ながら、幼いと思っていたわが子や孫が、自分の役をしっかり覚え、たくさんの人の前で自分のせりふをちゃんと言える姿を目の当《ま》たりにして、子どもの成長を感じているのが伝わってきました。

超越的存在に憧れる幼児
――モンテッソーリのクリスマス

モンテッソーリの親友アデレ・コスタニョッキや、モンテッソーリの最後のコース・アシスタントを務めたジャンナ・ゴビーと協力し合って、ソフィア・カヴァレッティさんが編み出した宗教教育法には、ジオラマを用いながら「エリサベト訪問」「お告げ」「イエスの誕生」など、いろいろなお仕事があります。

幼児の中には生まれた時から、超越的存在に憧れる、何かが秘められています。この憧れが開花するのを援助するのが、モンテッソーリの宗教教育です。

今、なぜモンテッソーリ教育

モンテッソーリ教育の全国組織体は日本モンテッソーリ協会（学会）があります。一九六八年七月二十一日に上智大学で設立されました。来年の二〇一七年八月八日（火）～十日（木）、設立五十周年全国大会を東京都千代田区平河町二―四―一「都市センターホテル」で祝います。

オバマ米大統領がモンテッソーリ・チャイルドで、英国のウイリアム王子が通ったモンテッソーリ幼稚園に、今、ジョージ王子が通っています。わが国の皇室でも、モンテッソーリ教育は上智コースの松本尚子氏によって、紀宮清子内親王に手ほどきをされたなど、モンテッソーリ教育は何かと話題になります。今、なぜモンテッソーリ教育なのか？

モンテッソーリ教育の科学的な哲学――グレイトヒストリー

モンテッソーリ教育というと、モンテッソーリの教具とか、教具の使い方を思い浮かべる人は多いが、しかしそこには最初、モンテッソーリ教育の科学的な哲学が基盤になっています。

モンテッソーリは幼い子どもを観察して、「人間とは何か？」を医学的・文化人類学的に検証し、新しいメソッドを発見しました。これがモンテッソーリ教育です。そこでは、医学や人類学による自然科学的グレイトヒストリーが原点にあります。

モンテッソーリは幼い子どもを目の前にして、宇宙の誕生（Cosmogenesis）、地球の出現（Geogenesis）や生物の発生（Biogenesis）という進化のプロセスを見ていました。宇宙の誕生から現在までを一日の時計に例えると人が地球上に登場したのは二三時五九分です。

宇宙の誕生

宇宙は一五〇億年前にビッグバンによって誕生しました。このビッグバンによって物質の元素が合成されました。モンテッソーリは人と宇宙について、ロンドンの修道院やインドで講演しています。

宇宙のすべてはビッグバンを起源にします。原始的な銀河、私たちの住む太陽系の一つの惑星である地球は、四十六億年前に誕生しました。とてつもなく長い宇宙の進化の中で、太陽からの距離が適切であったために地球に水があります。地球の表面の七〇パーセントは海で、大量の水があるのは地球だけ。三十八億年前に青い海の登場、地球は青く美しい惑星に変身。これによって生物の生命が地球だけに存在します。

生命の進化史

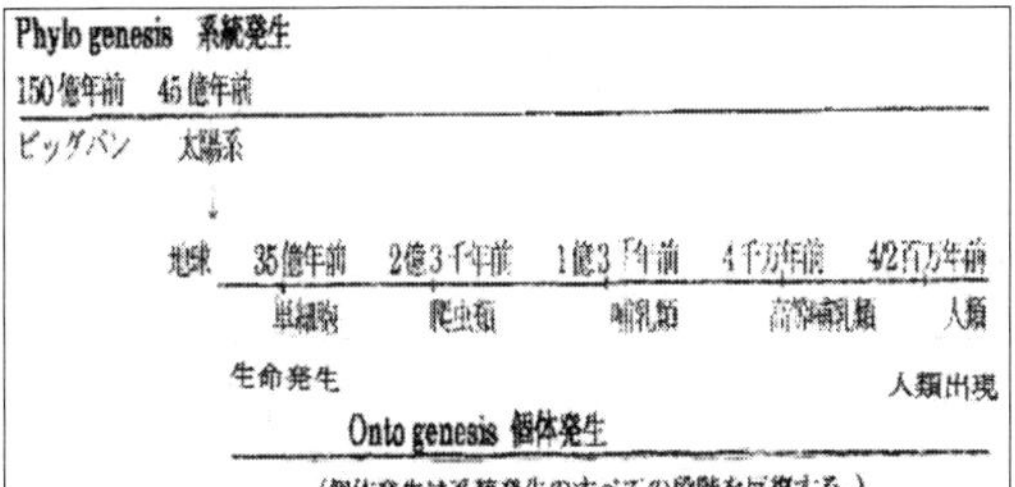
(個体発生は系統発生のすべての段階を反復する。)

シルバーナ・モンタナーロ
国際モンテッソーリ横浜乳児アシスタントコース 2002 ～ 02

地球上に地殻が形成されます。海の中で三十六億年前、すべての生物の共通した原始生命の誕生。微生物が生まれ、単細胞から多細胞の生物へ進化のプロセスが進みます。四億五千万年前に、魚が現れ、急速に繁栄しました。四億年前になると、魚のヒレが両足に変化し、空気を吸うイクチオステガの両生類が登場しました。

それから、恐竜に代表される爬虫類が現れ、一億六千万年の長期にわたって存続し、六千五百万年前に突如として絶滅しました。その後、六千五百万年前から現在も、哺乳類の全盛時代です。

樹上生活を営む小動物としての初期の霊長類、そして人の登場。モンテッソーリは地球を、「神様から人への最高のプレゼント」と言いました。高等哺乳類としての哺乳類霊長目ヒト科への進化は、オランウータンからゴリラへ、ゴリラからチンパンジーへ進化し、チンパンジーが五百万年くらい前から直立し、二足歩行を始めました。

人の進化――手を使う

人は手を使うことによって、さらに進化します。手で石器を使い、猿人（アウストラロピテクス二百万年前）へ分岐。百万年から二十万年前にジャワ原人や北京原人が現れ、北京原人は火をおこし、食べ物を調理していたようです。

十万年くらい前に現代人の祖先（旧人）が現れ、現代人とあまり変わらないクロマニヨン人（新人）の登場（五万年前頃）。

旧人から新人へ進化中、人は、①直立する人（ホモ・エレクトゥス）へ、②そして手を使った生活の中で風習や習慣をつくる人（ホモ・ハビタス）へ、③また現代人のように「私は誰？」や、「何をしたいのか？」と、自らの存在を振り返って自問する知恵のある人（ホモ・サピエンス）へと進化してきました。

二本足で歩き始めた人は、脳が大きくなり、石器を使うという知恵を獲得しました。歩くことで、脳が活性化したのです。一人の幼い子どもの発達（個体発生）は、図のようにすべての系統発生の各段階を反復します。

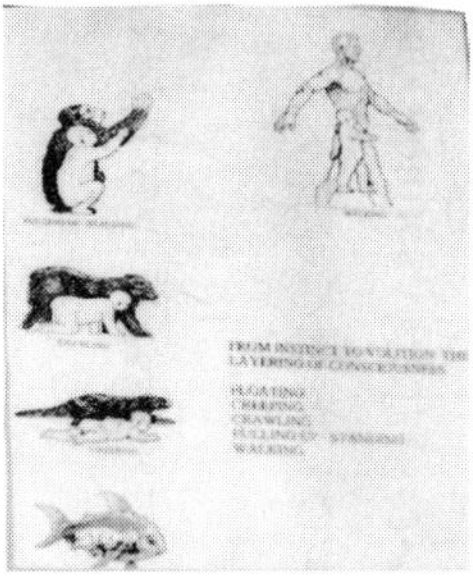

生命の進化の反復図（AMI EsF 2004）

人の6発達段階

人の進化の発達段階は以下のとおりです。

第1発達段階　人は直立歩行し、手を使って働き始めました。二〜四百万年前の人でHome Faber（働く人）と言います。

第2発達段階　毎日、朝が来て、夜が来る。なぜ？　春夏秋冬の四季がある。なぜ？考える人の登場で、Homo Sapiens（知恵を愛する人間）の出現。

第3発達段階　あらゆる現象の起源の由来？つまり神様について思索し、瞑想するHomo Religious（宗教的な人）の登場。

第4発達段階　生きるのに絶対に必要とは言えないが、人は遊ぶようになりました。Homo Ludens（音楽や芸術を楽しみ、踊って楽しむ人）の登場。

第5発達段階　二千五百年前頃、古代ギリシャで発達し、フランス革命で顕著になりました。人は民主主義的に政治に参加したいと希望しはじめ、Homo Politics（政治する人）の登場。しかし、異なった意見の対立には終わりがない。マリア・モンテッソーリ自身、第一次世界大戦、スペインの市民戦争、第二次世界大戦と大きな戦争を三回も体験しました。

第6発達段階　モンテッソーリが亡くなる七年前、国際連合（国連）が世界平和の実現のため設立されました。Homo Concourse（連携・協調する人）の登場。一九四五年以降、人はお互いに協力し合い、連携しようという二十一世紀に私たちはいるのです。

モンテッソーリ教育をしているのは、幼稚園・保育園・認定こども園など、就学前教育段階で、子どもたちは幼く、小さい。しかしモンテッソーリは、この子どもたちの中に、壮大で、偉大なグレイトヒストリーを見て、子どもたちの生命《いのち》の声を聞き、子どもの現在の生活を楽しく充実したものにし、将来幸福な人生を過ごせるようにお手伝いするのです。

日常生活で

昨日、ドイツとオーストリアのモンテッソーリ宗教教育コースから郵便物が届きました。連絡先は左記のとおりです。コースは定期的に開かれています。

日本でも、幼稚園や保育所、認定こども園で幼い子どもたちは、おばあちゃんが亡くなると、「おばあちゃんが天国に行ったんだよ」と言います。

お友達がかぜをひいてお休みすると、お集まりの時に、「○○ちゃんが、早く治りますように」とお祈りの言葉が出てきます。

子どもがけんかしたり悪いことをすると、「神様が見ているよ」と言います。

七五三は、小さな子どものいる家庭では楽しい行事です。

Ketechese des Guteten Hirten e.V.
NeueHeimat 5a,83024 Rosenheim,Deutschland
Kreuzherrengasse 1,1040 Wien,österreich

パパ方のおじいちゃん、おばあちゃん。ママ方のおじいちゃま、おばあちゃま。パパとママの兄弟姉妹も神社に集まって、手を洗い、おはらいをしてもらって、たくさんの写真を撮って、みんな満面の笑みです。そのあと、お食事会！　楽しい、楽しい、子どもを中心にした宗教的な行事です。

『世界がもし一〇〇人の村だったら』という本では、世界の人口を一〇〇人にすると、キリスト教徒は三十三人で、仏教徒は十九人だそうです。

『日本村一〇〇人の仲間たち』では、日本人の風習を、十二月二十四日のクリスマスイブにクリスマスケーキで祝って、三十一日の大みそかに除夜の鐘を聞き、元旦には神社へ初詣に行く、というふうに描写しています。

大人は、「宗教」は「難しいですね」と言います。

マリア・モンテッソーリの出身地イタリアやヨーロッパの他の国ではどうなのでしょうか。

語源的意味

「宗教」という日本語の単語は、英語で「religion」です。ドイツ語では「Religion」です。この英語とドイツ語の単語はラテン語の「religo（動詞 religare 不定詞）religio（名詞）」に由来します。

ラテン語 religio は「re」と「ligio」に分節されます。

前綴りの「re」は英語の「again」、ドイツ語の「wieder」であり、日本語では「再び」を意味します。

後綴りの「ligio」は英語の「tie」、ドイツ語の「binden」であり、日本語の「結びつく」を意味します。

語源的には、「宗教」は「再び結びつくこと」を意味します。

モンテッソーリ教育――リバイバル期初期のレッテル

わが国で一九六〇年代にモンテッソーリ教育のリバイバル運動が起こった頃、モンテッソーリ教育と言うと「ああ、カトリックのね」と、カトリックというレッテルが貼られるのが普通でした。

確かに、一九六〇年代、モンテッソーリ教育は上智大学の教育学科の先生たちが中心になって全国的に広がりました。

上智大学は一五四九年にキリスト教を日本に初めて宣教したフランシスコ・ザビエルが、わが国に創立しようとしましたが、そのときには実現かなわなかったカトリックのイエズス会の経営する大学です。その上智大学で、モンテッソーリ全国大会がかなり長いあいだ毎年開催され、本部の事務局もあったからなのかもしれません。

一九六四年、最初からモンテッソーリ教育をするために設計、建設され、実践された「うめだ子供の家」も、やはり上智大学付属で、イエズス会のペトロ・ハイドリッヒ神父様によって運営されたカトリックの施設でした。

しかし二十一世紀の今、日本モンテッソーリ協会は現在、プロテスタントの基督教イースト・エイジャミッションの建物内にあります。

また、神奈川県に六つの保育所をもつ社会福祉法人「イクソス会」は、プロテスタントのルーテル教会です。

さらに同じ神奈川県の海老名にある「旭たちばな幼稚園」は妙常寺の中にあって、日蓮宗のお寺です。両方とも保育所や幼稚園でモンテッソーリ教育を行っているばかりでなく、モンテッソーリの教員養成にも積極的に関わっています。

このように、現在モンテッソーリ教育はいろいろな所で行われています。モンテッソーリ教育は宗教や宗派にこだわらないで、いろいろな場所や地域で実践されて、そして高い評価を受けています。

イタリア人として

マリア・モンテッソーリ自身は、個人的にはどうだったのでしょうか。彼女はイタリア人だったので、普通のイタリア人のようにカトリックの信仰をもっていました。モン

ガリバルディ（1807-1882）
Giuseppe Garibaldi

テッソーリが生まれた時代背景は、ちょうど日本の明治維新です。

維新はイタリア語でリソルジメントと言い、すべてが大きく変わり、変化し、変革することを表します。

イタリアの政治的変革を先導しリードしたガリバルディやマンツォーニは、フリーメイソンで、フリーメイソンは無神論者です。

当時、唯物論がヨーロッパを強く支配しました。しかしながらモンテッソーリ家は、その風潮に流されませんでした。

モンテッソーリ家の家風は信仰あつく、マリアも生まれるとすぐ、近くの教会で幼児洗礼を受けました。

マリアの母方のおじさんにアントニオ・ストッパーニがいますが、彼はミラノ大学の有名な地質学の大学教授でした。ダーウィンと同じ自然科学者です。しかしながら、写真でローマンカラーを着けているので分かるように、ストッパーニはカトリック司祭です。

マンツォーニ（1785-1873）
Antonio Manzoni

ストッパーニ（1824-1891）
Antonio Stoppani

このように、マリア・モンテッソーリはイタリア人でカトリックだったので、「再び結びつく」という語源の分野ではキリスト教の色彩が強く現れていますが、でも彼女はインド滞在中に、「カトリック教徒、イスラム教徒、仏教徒」の人たちのために宗教コースを開催しました。

インドとモンテッソーリ

イタリア人でカトリックのモンテッソーリが七年間のインド滞在中にヒンズー教徒、イスラム教徒、カトリック教徒のための宗教コースを開いたのは、なぜでしょうか。

そもそも、なぜモンテッソーリは、インドに長期間滞在したのでしょうか。

それはモンテッソーリが若い頃、ロンドンで知り合った友人アニー・ベザントから招かれていたからです。アニー・ベザントは、そのころ神智学の第二代会長でした。

モンテッソーリは一九三九年十二月の暮れ、インドへ船で出航しました。

間もなくして第二次世界大戦が勃発し、彼女は敵国人として捕虜収容所に入れられてしまいました。収容所からはすぐ解放されましたが、インドに抑留されたままで教育活動をすることを許され、神智学本部を本拠地にして活動し

アニー・ベザント
Annie Besant (1847-1933)

ました。

モンテッソーリ教育はインドで神智学者ばかりだけでなく、タゴールやネールなどインド人の指導者から高く評価されました。彼らは目指すインドのイギリスからの独立を、モンテッソーリ教育によって形成された人間像によって達成できると、希望を抱いたからです。

モンテッソーリ教育のモットーは、「ひとりでできるように手伝ってね」です。

モンテッソーリの教師は、幼い子どもたちが毎日の生活を楽しく、充実したものとなるように環境を整えます。

子どもたちは楽しい、教育的に準備された環境の中で、自らが自由に活動を選び、日常の生活においてひとりでできるように、自立の実践を重ね、独立心を育みます。モンテッソーリ教育の理想的人間像は自立し、独立した、社会人の形成です。

彼女は、インドの各地でモンテッソーリの教員養成コースや短期実践研修会を開催しました。モンテッソーリ・スクールを設立しました。

タゴール
Rabindranath Tagore (1861-1941)

モンテッソーリがインドに滞在していた当時、インドの領土はとても広く、パキスタンもバングラディシュもインドでした。そしてインドにはヒンズー教徒、バングラディシュには仏教徒が多く、パキスタンにはイスラム教徒が多く住んでいました。

第二次世界大戦後、インドからパキスタンが、バングラディシュが分離し、それぞれが独立した三つの国家になったことはご存じでしょう。

そしてモンテッソーリはモンテッソーリ教育メソッドを、欧米語で「再び結びつく」という語源がある宗教の分野に応用して、宗教コースも開催しました。

それで一九四六年、「わたしはインドでヒンズー教徒、イスラム教徒、カトリック教徒等のいろいろの宗教団体に属する人びとのために宗教のコースを開いたことがあります」（マリア・モンテッソーリ『子ども―社会―世界』ドン・ボスコ社、六六頁）と講義の中で言ったのです。

宗教応用人類学

一九四六年、ロンドン・コースでモンテッソーリは、人間には二つの特徴がある。一つは言語で、もう一つは宗教と言いました。理由は、人間が住んでいたどこからでも言語と宗教の遺跡が発掘されるからです。世界の四大文明発生地・エジプトのピラミッドやスフィンクスの宗教的遺跡や、メソポタミア文明の粘土板文書（ハムラビ法典）などは周知のとおりです。

言葉のない人間なんて考えられません。モンテッソーリは言語と同じレベルで宗教を捉えました。彼女の宗教観は、「宗教応用人類学」と言われています。

エジプトの古代文明ギザの大ピラミッドとスフィンクス（2540 年 B.C）

モンテッソーリによれば、言葉が時代と場所によって違うように、宗教も時代と場所によって違うのです。イタリア語、ドイツ語、英語や日本語の言語の分野にモンテッソーリ教育法に適応したように、「再び結びつく」という分野にも適応できるのです。

モンテッソーリの宗教教育で有名なソフィア・カヴァレッティさんがご存命の頃、アッシジで研修会がありました。そこではローマ・カトリックとアメリカ聖公会からの参加者が多くいました。

そう、モンテッソーリの宗教応用人類学によると、すべての人間には言語を発達させる傾向があるように、宗教を発達させる傾向が先天的にあるのです。大人が与えられるものではないのです。もう存在しているのです。大人がしなければならないのは芽生えるように心を配ってあげること。それが欠けたら、人間としての発達上、基本的な部分が欠けてしまうからです。

メソポタミア古代文明
バビロニアの象形文字から音響文字へ
(スメール語)(1750年B.C)

モンテッソーリ教育の目標

モンテッソーリ教育は、幼い子どもに生まれたときから宿る力、能力、可能性を、調和的に均衡のとれた一つの全体に向け、開花するようにお手伝いする教育メソッドです。

子どもは幼くても、どんなに小さくても、超越した存在への憧れを先天的に心の中に持っています。

もしも、超越した存在への憧れという最も基本的要求が満たされないのならば、内在する力・能力・可能性を、調和的に発達させる人間形成と矛盾することになるのではないでしょうか。

ピオ十世

オランダの国際モンテッソーリ協会の事務所の壁にはピオ十世の直筆書簡と写真が飾ら

れています。ピオ十世は上智大学の設立を強く希望され、明治天皇に宛てた親書を託し、三人のイエズス会士を日本に派遣した教皇ですが、彼はモンテッソーリ教育を、とても深く理解していました。

ピオ十世は、一九一一年のご復活の日、手書きのメッセージを送っています。

「モンテッソーリ幼稚園の親愛なる子どもたちへ、ご復活の喜びと感謝のうちに、みんなが良い子になれるように祈っています。親愛なるモンテッソーリ先生、心からおめでとうございます」と。

ピオ十世（在位 1903-1914）写真と書簡

ノートルダム・ド・ヴィ研修会
――子どもの信仰教育（1）

進化論による世界観から

横浜モンテッソーリ幼稚園を会場にしたシルバーナ・Q・モンタナーロ先生による講義の「〇～三歳コース」で勉強していた時、人の進化の発達段階について聞きました。
第1段階　Homo Faber（私たち人類は、手を使って人への進化を進みました）。
第2段階　Homo Sapiens（人は考え始めました。私は誰？と哲学を始めました）。
第3段階　Homo Religious（これらすべて支配しているのは誰？　神さまです）。
第4段階　Homo Ludens（遊んだり、踊ったりして、楽しむ人の登場です）。
第5段階　Homo Politics（一七八九年のフランス革命に見られるように、政治に参加する社会の始まりです）。

第6段階　Homo Concourse(国連などの国際的機関を通して、協調性、協力を尊重する人間社会です)。

私たちは公教育の学校でも、進化論を学ぶのではないかと思います。

二〇一八年のゴールデンウイークに上智大学・カトリックセンター(共催ノートルダム・ド・ヴィ)で特別講演会「子どもの信仰教育No2」が開催されました。去年も開かれ、研修内容は、子どもの宗教教育・信仰教育に関わるだけでなく、私たちの生き方そのものに関連した興味深いものでした。

人間の使命＝幸福になること

ノートルダム・ド・ヴィのアンヌ＝マリー・ルブリス先生のお話は、次のようでした。

人間は、よろこび、幸せ、幸福になるために、神様から造られています。

右：上智大学　カトリックセンター長
ホアン・アイダル神父(イエズス会)
左：上智大学神学部　片山はるひ教授

(写真提供：ノートルダム・ド・ヴィ会員　矢尾板)

どうしたら私たちは、よろこびと幸せと、幸福な生き方ができるようになるのでしょうか。そこに至る道を考えてくれているのは神様です。

すべての人間の心には確かに、キリスト教徒も、仏教徒も、イスラム教徒も、ヒンズー教徒、神道の宗教の人も、誰もが幸福になりたいと望んでいます。神様は人間が幸福になるように造られました。そこを行くのは私たち人間です。小さな子どもでもです。次の二つの事例を挙げましょう。

五歳児　デボラの訴え

アンヌ＝マリー先生の所の園児で五歳児のデボラは、アルコール依存症の父親から毎日たたかれていました。母親も働くのに忙しく、あまりかまってくれませんでした。デボラはある時、先生に、

講演者：ローマ・カテキズム国際委員会委員　フランス・アヴィニオン教区カテケージス養成講座担当　アンヌ＝マリー・ルブリス会員

「家に入るために、階段を上がる時、ものすごく神様に会いに行きたくなるのよ」と言ったそうです。

特別な支援学校児の望み

麻薬とかDVとかで問題を起こし、学校にもけんかしてから教室に入ってくるような生徒のいるクラスで、新学期に先生は、「この一年間、何をしたいと望みますか?」と生徒たちに尋ねました。

すると先生の存在なんかいつも無視している十一歳の札つきの問題児が手を挙げて、「みんなが幸せになること!」と大声で、叫ぶように発言しました。この発言には、びっくりしたそうです。そうです、みんな幸せを、幸福を求めているのです。

現状の社会では

しかし、私たちの周りに目を向けてみると、そうではありません。アジア、アメリカ、ヨーロッパ、アフリカなど、どこでも、いつも腐敗に毒されています。政治的にも、経済的にも。一般市民から政治のトップまで。それを免れている国はありません。

真のよろこび、幸せ、幸福はありません。人びとは寂しいのです。鎖につながれているということではありませんが、いろいろなものの奴隷になっています。特に今、電車や地下鉄などではスマートフォンで。電車などに乗ると、さまざまな広告が目に飛び込んできます。それらの広告は「完全でなければダメ！」と言っているみたいです。例えば健康についてなどです。

これらは何を起こさせるでしょうか？

①これらは、希望を失わせる。
②エゴイズムを増長させる。
③もうなるようにしかならない。
④不正義になっても、「まあ、いいじゃない」と、思ってしまうようになっています。
これは「死の文化」です。なぜなら、「いのち」が生まれてこないから。

五歳児の解決策

子どもたちが生きている社会の、この希望のなさや不幸は、どこに由来するのでしょうか。

かつて小さい子どもたちに、悪い悪魔がどのように人間に誘惑をしかけたのか、聖書の物語を話しました。

うそつきの父である悪魔が、へびの姿で狡猾《こうかつ》にも疑惑の心を起こさせてしまいました。

アダムとエバは同意して、「神様のようになりたい！」とりんごを食べてしまいました。

この聖書の物語を話した後、「神様はどうすると思いますか」と、五歳児の子どもたちに尋ねると、二人が手を挙げました。

最初の子は、「神様は人間から『たましい』を取ってしまえばいいのだ！」と提案したそうです。

次の子ピエールは、「神様は絶対にそんなことをしない。そんなことをするはずがない！」と答えました。先生が「どうしてそう思うの？」と聞くと、「神様は、罪を犯した人を、もっともっと、愛してくれるんだ！」と答えたのだそうです。

狡猾なへびと会話

冒頭のように進化論的世界観下、Homo Concourse という今いる第6段階で、話し合い、協調し、協力し合えば、幸福に行き着くはずなのに、そう単純ではないようです。

幸福と関連して、悪や罪がどういうように行われたのかを知ることは非常に重要で、生きるあり方にとっての勉強となり、小さい子どもにとっても、罪の次元にとどまらず、重要で意味があります。

なぜなら、「りんごを食べたら、神と離れることになって、一生涯苦しむことになるんだから！」と、へびが真実を話していたら、エバは「めっそうもない」と拒絶したでしょうから。

狡猾なへびは、悪を善に装わせて誘惑してきます。へびと話し合うことは、破滅へ導くことがあるということ。それは誰の人生にも常に出会うことです。それを知ることは、子どもと、これからの大人の心を解放する助けになります。

ノートルダム・ド・ヴィ研修会——子どもの信仰教育（2）

子どもの生命を援助する——子どもの心の奥深くに刻み込まれた幸福への願い

神様は幸福になってほしいと人間を造られました。神様の似姿として人間は、一人ひとりの魂に、幸福が深く刻み込まれています。私たちが幸福であることを一番望まれているのは神様ご自身です。

あなたは幸福ですか。

「世界幸福度ランキング」で六十二位（二〇二〇年版）の日本ですが、幸福って難しいです。外的ばかりでなく、内的にも。私自身、心で思うことと実際の行動はちぐはぐで矛盾だらけです。幸福になりたいという願いはすべての人が持ち、小さい子どもでも生まれた瞬間から心の奥深くに刻み込まれているのです。

幸福でないのは、もとは狡猾《こうかつ》なへびが仕掛けたわなにひっかかったからです。へびは、悪に善を装わせたやり方で誘惑しました。これを知っておくことは大事です。なぜなら、悪、罪がどのように行われたのかを気づくことによって、私たちは日常の自分の生活のあり方に気づけるからです。

へびの話しかけは、人間は神の似姿として造られたから、「結局、神様とそっくりだから、すべて自分で決めることができる。だから神様はいらないのだよ！」と言うのです。人間より頭の良いへびとの話し合いに乗ってしまったことは、「破滅の道を進む第一歩」だったということを学ぶのは、子どもの将来にとって非常に大切です。

神様から離れ、神様のいのち・喜び・愛・真理から遠ざかった人間は、もう幸福でなくなってしまいました。迷いの中で、何が何だか分からなくなり、その時から苦しみ・死・病を知るようになりました。

知ることは解放すること

実は、悪や罪について知ることは、私たちを破壊や絶望へ導く知識ではありません。それは根本的に私たちを解放してくれます。

それは、例えば私たちが盲腸の病気で、早く手術をしないと死んでしまうようなことです。原因を知らなければ元の健康な身体に戻れないのと同じです。

その時、神様は

へびの策略にひっかかった人間に対して、神様はどのように応えられたのでしょうか。

それは「あわれみ」の心でした。

「いつくしみ」という、より大きな極限の愛で応えられました。完全な人間は誰もいません。いつくしみの愛を私たちはみんな受けています。

特に二歳半～五歳の幼児が、愛され保護されていることに鋭敏なことをマリア・モンテッソーリはバルセロナの教会で発見しました。

「良い羊飼いのカテケージス」（The Catechesis of the Good Shepherd）

幼児に、神様の愛を教えることは重要です。私たちの、そして子どもの生命、魂に刻み込まれた「幸福になりたい！」は、どのようにして実現可能でしょうか？　教師、カテキスタはどのように援助できるのでしょうか。

モンテッソーリアンの間では、宗教教育として「良い羊飼いのカテケージス」（The Catechesis of the Good Shepherd）が広く知られています。

良い羊飼いのカテケージスの中心人物だったイタリア人ソフィア・カヴァレッティ先生、協力者ジャンナ・ゴッビ先生やシルヴァーナ・Q・モンタナーロ先生も帰天されましたが、今も北アメリカ各地、オランダ（ライデン）やオーストリア（ウィーン）などで活発に継続しています。

日本語の文献も、サンパウロから『アトリウムの子どもたち』、ドン・ボスコ社から『子どもが祈りはじめるとき』、学苑社から『モンテッソーリの宗教教育』がすでに刊行されています。ご一読をお勧めします。

講演者：カテキズム国際委員会委員（フランス）
アンヌ・マリー・ルプリス（アヴィニョン教区）
司会・通訳：上智大学神学部教授　片山はるひ

（写真提供：ノートルダム・ド・ヴィ会員　矢尾板）

幼児のためのプレゼンテーション：
ノートルダム・ド・ヴィ会員　船橋泉

アンヌ・マリー先生のカテケージスから

アンヌ・マリー先生のカテケージスでは、大人、幼児、小学生の各年齢グループのためにプレゼンテーションがありました。例えば、幼児の場合でも他のグループと同様、まず、神様がいかに「いつくしみ」深い方であるかについて分かち合うなどです。

次に、子どもが神様の愛を「望む」ように導きます。この望みを引き起こすためには、何ができるかについて。

感覚を鋭敏にすることは一つの教育的方法です。幼児期は感覚が最も鋭敏な時期で、モンテッソーリ教育では、幼児期を感覚の敏感期と呼んでいます。

愛と感覚の敏感期

神様が創造されたコスミック、宇宙、世界、例えば海、山などの大自然と向き合って、地球の美しさを感じること。それは、すばらしく、幸せを感じさせてくれます。目で見ること。身体の目だけでなく、心の目でも。神様の創造されたこのすばらしい世界を知ってほしいものです。神様は、世界、そして人間をどのように見ておられるのかを具体的に示し合いましょう。

身体の耳を使って、耳を傾ける。内的な心の耳をすませ、宇宙へ視野を広げましょう。触れるのも、多様な触れ方があることを子どもに教えましょう。味わうことも、人と分かち合うことを学ぶ機会になります。匂いを嗅ぐこと、また、周りの雰囲気を感じ取ることも学びます。感覚の敏感期は、愛され、保護されていることへの鋭敏さとともに、幸福への大切な教育要因です。

カリタス幼稚園「変わらなく、良く変わって絶対安心」

聖母マリアの保護

カリタス幼稚園はＪＲ新宿駅から小田急線の登戸駅で下車し、カリタス学園行きのバスで十分の所に位置します。小学校、女子中学高等学校、法人本部、駐車場も同じ敷地内にあり、門（写真1）から幼稚園まで小道を歩いて行くと、聖母マリアさまが幼きイエスを抱き（写真2）、私たちを見守っています。また、修道会の創立者シスター・マルグリット・デユービルの立像（写真3）からも、見守りの優しい目が向けられています。

幼稚園の垣根の向こう側は、小学校や中学高等学校があり、お休み時間や昼休みに生徒が遊んでいる姿も、幼稚園の方から見えます。

（写真１）カリタス幼稚園の入り口

（写真２）聖母像

（写真３）創立者シスター・マルグリット・デュービル

カリタス――人間の生きる力の原動力は愛

私は勤務先の大学で教育原理を担当し、そこで教師と教育愛について講義しています。古代ギリシャの時代から、教育と愛が深く結びついていることを古代の哲学者ソクラテス、プラトン（写真４）、アリストテレスは述べ、「愛」についてエロス、アガペー（ラテン語でカリタス）、フィリアと表現しています。

エロスは、より高いものへの憧れ、完全な自己実現を目指し、自己を向上させ、努力の原動力となって働く、自己肯定的な愛です。

アガペー（カリタス）は、キリスト教的な愛を意味します。無差別的に、他者肯定的に、すべての人を普遍的に愛し、最も近い人を愛する隣人愛です。

フィリアは、優れた資質を持つ者が、理性によって理想を抱く友情愛、互いに平等な人格を有する者同士の愛、父から子への愛のように、優位な方向からの愛です。

人間形成の基礎、この教育愛によって教育は可能になります。そのカリタスが学園名になっているのは感慨深いです。この学園名の背後に、古代ギリシャ以来引き継がれている、ヨーロッパの人文主義的教育理念が託されているように思えます。

（写真４）プラトン
〈紀元前427年～347年〉

取材当日、いろいろと案内してくださった園長の萱原けいこ先生は、町田のセンターでモンテッソーリのコースに通っていた時、今は亡き日本モンテッソーリ協会第三代の会長クラウス・ルーメル（イエズス会）先生と帰り道で一緒になり、「カリタス幼稚園の名前がカタカナなのは、自分が提案したからですよ」と言われたと思い出を話されました。

ルーメル先生は、ドイツのボンにある国立ベートーヴェン人文主義ギムナジウムの卒業と聞いているので、カリタス幼稚園の教育理念には、古代ギリシャの人間形成の教育理念と接点があるようです。

グローバル教育

子どもがお仕事をし、みんなが行き交う廊下には掲示板があり、子どもたちの多くの作品が掲示されていました。例えば修道会の創立者シスター・デュービルの生国カナダから、北アメリカ、北半球、国旗の作品（写真5）。南アメリカの地図では、ブラジルが「ブラじる」、ウルグアイが「ウルグあイ」とあり、子どもはひらがなだけでなくカタカナも書けて、成長のあり方がほほ笑ましく見る人に教えてくれます。通りかかった年長さんに、「漢字は書けるの？」と聞いてみました。その子は「自分の名前は書ける。木も林も森も、そして中も

（写真5）地図ではシスター・デュービルの生国のカナダから始めて、アメリカ大陸、国旗

分かるよ！」と教えてくれました。初めての訪問者の質問に対しても、はっきりと大きな声で答えました。

図書室が二つあって、たくさんの本が本棚にきれいに並べられ、「私に読んで」と呼びかけてきます。年長さんは三冊、年中さんは二冊、年少さんは一冊を、毎週お家へ持って帰れるようです。世界中の幼児向けの本が並んでいます。

わが国の文化に根ざした教育

私が取材に行った日、保護者の姿が大勢見られました。お母さんだけでなく、お父さんも。なぜかと言うと、園庭でお餅つきをしていたからです。杵《きね》でついたばかりの餅を、小さい子どもでも口に入れられるサイズに手でちぎり、あんこ餅、きな粉餅、ノリで巻いたお餅にしていただきました。一月だったので保護者の協力によって、日本の文化を自然に取り入れていました。わが国の文化と言えば、茶道がありますが、茶道もモンテッソーリ教育のお仕事の一つとして取り入れているクラスもあり、三歳児も違和感なく体験しているようです。

子どもたちは、広い園庭にある遊具で遊びながら、植物や野菜（写真6）に触れています。精神の落ち着いた時間の午前中には、子どもたちは教室の中で、廊下で、自分で選んだモンテッソーリ教具を使って活動（写真7）していました。

保護者は幼稚園から高校までカリタス学園で過ごしたお母さん

保護者とお話しができました。「どうしてお子さんの幼稚園にカリタスを選んだのですか？」と質問したら、彼女自身が幼稚園から高校までカリタス学園の卒業生で、「自分が通い始めて三十年間、変わらなくて、一貫していて、絶対安心だから」と、笑顔ではっきりと言われました。

前述の掲示板には、保護者のアンケートや幼稚園の自己評価が、先生作成の各「クラス便り」（写真8）と一緒に貼り付けられていました。このように、常にすべてはフィードバックして検証が試みられ、先生方も福井大学大学院に交代で、リカレント教育（社会人になってからも教育機関に戻って学ぶことができる教育システム）を受けています。

モンテッソーリ教育では、子どもは言われたことをするのではなく、自分でする主体性が重視されますが、ここでは園長先生やその他の先生方も、自主的・主体的にそれぞれの課題を果たしているのが見えます。

（写真６）野菜

（写真７）文化の活動

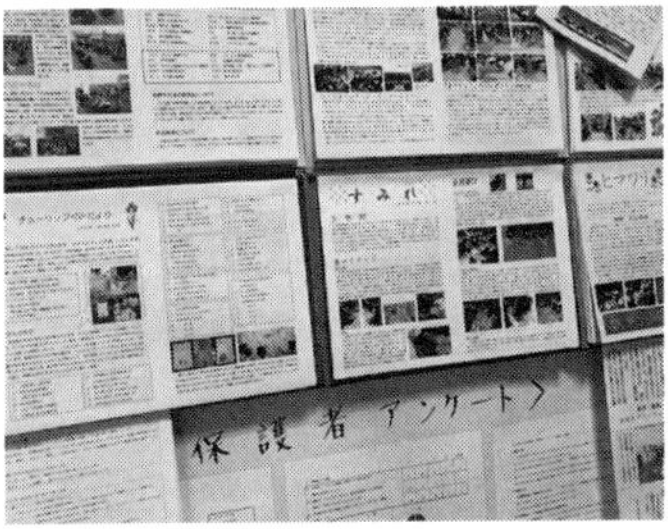

（写真８）「保護者のアンケート」と「園だより」

（写真提供：カリタス幼稚園）

宮崎からモンテッソーリ発信
――都城聖ドミニコ学園幼稚園（写真1）

ドミニコ会からイエスのカリタス会へ

キリスト教的な「愛」を言う「カリタス」は、すべての人を無差別的・他者貢献的に、普遍的に愛します。何よりも、身近な人への愛、隣人愛を意味する「カリタス」には、「イエスのカリタス会」があります。

五十年位前、ドイツのケルン大学に学位取得まで十年間留学し、日本人でいちばんお世話になったのがイエスのカリタス会（当時の宮崎カリタス会）です。ケルン大学近くで学生寮を経営され、月一度は「日本人会」が開かれていましたが、日本語のごミサと告解が

（写真1）都城聖ドミニコ幼稚園の入り口

行われ、日本語で安心しておしゃべりできて、いつも心待ちにしていました。特に、シスター川端小掬《こぎく》さんには何かと声をかけていただき、うれしかったです。

このイエスのカリタス会は、宮崎の高千穂を西北に仰ぐ静かな台地に、都城市から教育に理想的な土地を提供されました。昭和六十三（一九八八）年、ドミニコ会からの幼稚園と高校を引き継ぎ、幼稚園はモンテッソーリ教育を実践しています。

シスター武松子先生が園長先生（写真2の一番右）です。私がシスター武と最初にお会いしたのはもう二十年前です。シスターは上智大学にあった上智モンテッソーリ教員コースを卒業され、モンテッソーリ・ディプロマ取得後、九州からモンテッソーリ教育についての発信の一端を担っています（写真3、4、5）。

（写真2）園長先生と先生方

（写真3）白詰草、
四葉のクローバを園庭で探す

（写真4）花束を作って
お母さんにプレゼント

（写真5）園庭で自然の
ピンクタワー？

新しい子どもの発見

伝統的な幼稚園教育をも知り、加えてモンテッソーリ・コースで子どもの動きにすばらしい価値を見つける「観察」を学び、そして聖ドミニコ学園幼稚園に派遣されての第一の印象は、新しい子どもの発見と、すばらしく行き届いた教員養成でした。

子どもたちは朝、スクールバスから降りると、入り口でマリア像と聖ドン・ボスコの写真の前で「マリアさま、ドン・ボスコさま、おはようございます」と、自然に挨拶していました。ドン・ボスコの名前は、聖ドン・ボスコ生誕二百年祭後、子どもたちの口から自然に発せられているそうです。

教室（写真6）では白いボードを見て、着脱にも騒がずに、トレパン、スモックに着換え、所定の場所に上着かけを自主的・自律的にしていました。

大きいお姉ちゃまと小さい弟が手をつないで、入室して来

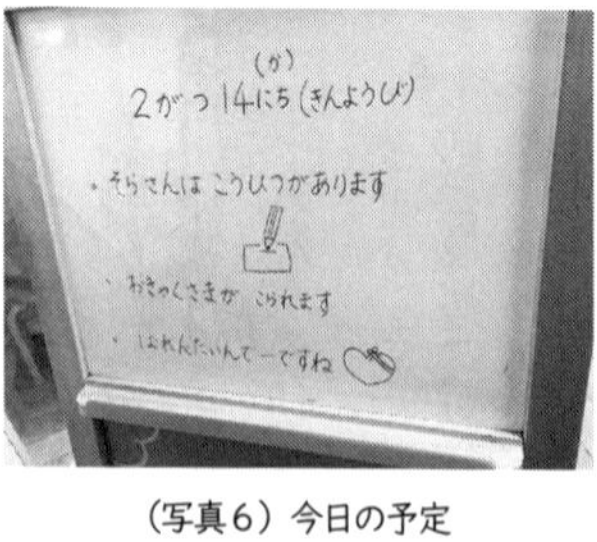

（写真6）今日の予定

ました。外見があまりにも違って、「こんな姉弟《きょうだい》もいる」と思っていたら、実はクラスの年長さんと年少さんでした。年長さんはまだちゃんとできない年少さんに、何気なく目配り、気配りをして、小さい子は手をひかれて、安心してついて来ているのでした。その安心感がこちら側まで伝わってきました。

年少さんは、数年後には年長さんになります。そして自分が経験したことを、今度は年長さんとして新しく入ってきた小さい子どもにも、きっと教えてあげるのでしょう。下の子が、上の子のような役割もできる。これは異年齢、「縦割りクラス」の特徴です。一人っ子が多いわが国ですが、家庭の不足しているところを、幼稚園の「縦割りクラス」が補っているようでした。幼児期に、みんなが年少さん、年中さん、年長さんとしての経験を積み重ねています。

クラスの中では、心が落ち着いた朝の時間、子どもたちはお仕事をそれぞれが自分で環境から選んで始めていました。年少児さんが数のお仕事をし、ボードに貼りました（写真7）。私語は全くなく、教室には誰もいない、と思うくらいです。

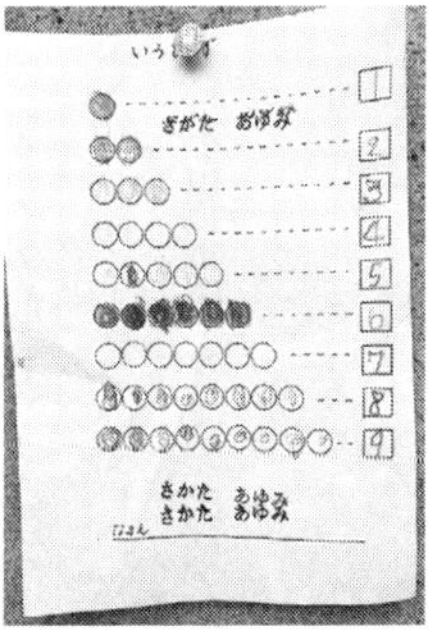
（写真７）数のお仕事

でもこのクラスにおいても、支援を必要とする子どもがいて、インクルーシブ教育（人間の多様性を尊重する教育）を行っているのですが、言われるまで分かりませんでした。環境は子どもにすごく影響し、動きの多い子も二週間ほどすると、不思議にもその環境に慣れて、感心するばかりだそうです。

行き届いたすばらしい教員養成

行き届いた教職員養成は、ドミニコ会から現在にも引き続けられています。大山みどり先生（写真2の右から2番目）には都城でもう何回目の出会いでしょうか。サラダの新鮮さ、マルゲリータのピザと、大根おろしの入ったおいしいスパゲッティを選んでくださった識別能力は、モンテッソーリ幼稚園の先生としても特別な能力が付与され、抜群の指導力を秘めています。

お仕事の時間以外の「フルーツバスケット」の席取り遊びでも、席を取れなかった子どもへの対応の仕方がすばらしい。席が三回取れなかった子どもには、好きな歌か、または得意なことをさせる導き方です。そこには、子どもが主役で教師は援助者、自主性を重んじ、子ども一人ひとりの能力と可能性を見いだす子どもへの思いやりや、優しさを育てる、やり始めたら最後までする、生きる喜び、感謝、祈りの心を育てる雰囲気があふれるほど感じられました。

園庭には小山（写真8）があるほど豊かな自然に囲まれた環境の中で、子ども一人ひとりと向き合う先生方の心の教育は、モンテッソーリ、ドン・ボスコやフランシスコ教皇と、普遍的にグローバル化した人間教育の妥当性を確信できました。

また幼稚園で働いた体験があり、聖ドミニコ学園幼稚園で二児の保護者でもあった櫻田《さくらだ》麻季恵《まきえ》先生に、間もなく小学生になる年長さんに文字の筆順を教えるレッスン後、子どもについて尋ねると、幼児期は人間形成における最大の基礎の時期なので、人間性であれ、しつけであれ、とても大事と答えられました。

本来は親が家庭ですべきことなど、いろいろあります。伝えても伝わらないことが多くても、年を経れば、伝わらなかった時のあの学びが花開くので、自分は幼稚園の先生の動きからヒントを得て、子どもに接していると言われました。

（写真８）園庭に小さい山があり、子どもは登るのが大好きです。

(写真提供：聖ドミニコ幼稚園)

おわりに

本書は「家庭の友」誌で二〇一七年一月号〜二〇二〇年五月号まで、私が執筆を担当したモンテッソーリ教育の掲載記事に加筆修正してまとめたものを書籍化したものです。

私と「家庭の友」との関係は、ずいぶん長く深いように思えます。やはり「家庭の友」に掲載された記事をまとめて、単行本になった二冊『たのしく育て、子どもたち』と『世界のモンテッソーリ教育』や、またモンテッソーリのカリフォルニア講義録『モンテッソーリ実践理論』（共訳）があり、現在も新装改訂版が出ています。

「家庭の友」の編集室のあるサンパウロは、グローバルな社名です。世界で広く知られています。二十年ほど前、松本静子先生とご一緒に、高根文雄先生と澄子先生の横浜モンテッソーリ幼稚園で〇〜三歳児コースを開催しておられたシルバーナ・Q・モンタナーロ先生を訪問しました。その時、当時モンテッソーリ教育の連載記事が載った「家庭の友」をおみやげに持参しました。「家庭の友」は日本語なので、イタリア人のモンタナーロ先生はもちろん読めるはずがありません。しかし、「家庭の友」に印刷されたロゴマークを見て、こちらで何も言わないのに、「サンパウロ」と自然に口にされました。サンパウロは世界中に広く知られた、カトリックの会社、あるいは、団体です。

「家庭の友」は、一九七〇年からモンテッソーリ教育について、ずっと連載記事を載せてくださり、最近は毎年七月号にはモンテッソーリ教育に関する特集を掲載してくださっています。日本モンテッソーリ協会(学会)の全国大会の開催を広く知らせることに役立っています。また、私が編集委員長を務める日本モンテッソーリ協会（学会）の学会誌『モンテッソーリ教育』（毎年、三月三十一日発行）に広告を掲載してくださっており、ここに改めて心から感謝を申し上げます。

本書の出版にあたり、サンパウロの編集部の方々に大変お世話になりました。本当に、心から深謝を表したいと思います。

二〇二〇年　八月

群馬医療福祉大学大学院教授
江島　正子

著　者

江島　正子（えじま　まさこ）（Prof. Dr. Masako Ejima）

1940年生まれ。上智大学卒業後、イギリス・ロンドン大学、ドイツ・ケルン大学、Dr.Phil。

星美学園短大助教授、関東学園大学教授を経て、現在、群馬医療福祉大学大学院教授、四谷モンテッソーリ教育研究所、NPO東京モンテッソーリ教育研究所付属教員養成コース講師、東京国際モンテッソーリ教師トレーニングセンター講師、小百合学園　広島モンテッソーリ教師養成コース講師、長崎純心大学　純心モンテッソーリ教員養成コース講師、小百合幼稚園（大宮）元園長。日本モンテッソーリ協会（学会）常任理事・東京支部長・『モンテッソーリ教育』編集委員長。

著　書

『モンテッソーリ　子どもと学校の危機』『モンテッソーリの教育法——基礎理論』『モンテッソーリ教育の理論と実践・下』（エンデルレ書店）、『国境のない教育者』『モンテッソーリ教育の道』、『モンテッソーリ教育のこころ』『モンテッソーリの宗教教育』（学苑社）、『モンテッソーリアンのこころ』（近代文芸社）、『モンテッソーリの人間形成』（関東学園大学）、『モンテッソーリ教育法　子ども—社会—世界』（ドン・ボスコ社）、『モンテッソーリ教育の実践理論——カリフォルニア・レクチュア』『たのしく育て子どもたち』『世界のモンテッソーリ教育』（サンパウロ）、その他。

モンテッソーリ教育《きょういく》と子《こ》どもの幸《しあわ》せ

著者 —— 江島　正子

発行所 —— サンパウロ

〒160-0011　東京都新宿区若葉 1 - 16 - 12
宣教推進部（版元）　Tel.（03）3359 - 0451　Fax.（03）3351 - 9534
宣教企画編集部（編集）　Tel.（03）3357 - 6498　Fax.（03）3357 - 6408

印刷所 —— 日本ハイコム ㈱

2020 年 8 月 20 日　初版発行

ISBN978 - 4 - 8056 - 8608 - 9 C0016（日キ販）